ⓒAKIRA ITO 2002
Originally published in Japan in 2002 by Fuso publishing INC.
Korean translation rights arranged through Access Korea, Seoul.

Korean translation copyright ⓒ 2003 by Sodam Publishing Co.

본 저작물의 한국어판 저작권은 엑세스 에이전시를 통한 저작권자와의 독점 계약에 의하여 소담출판사에 있습니다. 신저작권법에 의해 한국 내에서 보호를 받는 저작물이므로 무단전재와 무단복제를 금합니다.

잘나가는 인재가 되는

셀프코칭

Self Coaching

잘나가는 인재가 되는 셀프코칭

이토 아키라 외 공저 | 정윤아 옮김

소담출판사

잘나가는 인재가 되는 **셀프코칭**

펴낸날 | 2003년 12월 15일 초판 1쇄

지은이 | 이토 아키라 외 공저
옮긴이 | 정윤아
펴낸이 | 이태권
펴낸곳 | 소담출판사
       서울시 성북구 성북동 178-2 (우)136-020
       전화 | 745-8566~7 팩스 | 747-3238
       e-mail | sodam@dreamsodam.co.kr
       홈페이지 | www.dreamsodam.co.kr
       등록번호 | 제2-42호(1979년 11월 14일)
기획 편집 | 박지근 이장선 가정실 구경진 마현숙
미   술 | 김미란 이종훈 이성희
본부장 | 홍순형
영   업 | 박종천 장순찬 이도림
관   리 | 유지윤 안찬숙 장명자

ⓒ 소담, 2003
ISBN 89-7381-780-9 03320
● 책 가격은 뒤표지에 있습니다

스스로 생각하고 능동적으로 움직이는 것이
자신의 가치를 인정받는 기준이 됩니다.

들어가면서

연수와 세미나, 강연, 워크숍, 컨설턴팅…….

지금까지 나는 여러 가지 형태로 조직이나 기업 혹은 비즈니스맨 개인과 만나고 있다. 이와 같은 만남을 통해 깨달은 것은 어느 곳이든 '쓸만한 인재'를 구하기 위해 안간힘을 쏟고 있다는 사실이다.

어려운 시대일수록 기업은 주어진 일에만 열중하기보다 스스로 자신의 일을 찾아내는 능동적인 인재를 원한다. 부서나 팀의 벽을 뛰어넘어 회사 전체에 활력을 불어넣는 인재란 없는 것일까. 경영 일선에 선 임원들의 한결같은 바람이다.

한편 개인적인 측면에서 볼 때, 어려운 경제 여건은 회사가 필요로 하는 인재가 되어야만 한다는 부담으로 작용한다. 연봉 서열이나 조직의 흐름에 몸을 맡긴 채 안주하는 것이 아니라 남과 다른 '그 무엇'(재능, 아이디어, 행동력, 교섭능력 등)을 개발하지 않으면 생존 자체가 위태롭기 때문이다. 조직이나 회사, 개인 모두 '인재로서의 가치'를 높이기 위해 전력을 다하고 있는 현재 상황이나 '人才'가 아닌 '人財'로 그 의미가 바뀐 것도 같은 맥락에서 이해할 수 있을 것이다.

'人才'에서 '人財'로

그럼에도 불구하고 정작 조직과 기업에서는 '어떻게 인재를 키워내야 할지 모르겠다'고 울상이다. 구체적인 방법을 모르기는 개인도 마찬가지이다. '人才'와 '人財'의 사이에는 많은 차이점이 존재한다. 문제는 그것을 없앨 수 있는 구체적인 방법이 묘연하다는 것이다.

나는 이 책 안에 해결책으로 응용될 만한 방법을 제시하였다. 여기서 말한 '셀프코칭'이란 상대가 가지고 있는 능력을 최대한 이끌어 내기 위한 커뮤니케이션 기술을 말한다. 이것은 특별히 다른 사람을 코치로 삼지 않더라도 효과적인 질문과 목표 설정, 피드백, 문제 해결 등의 기술을 활용할 수 있는 능력이다. 스스로 자신을 제어하고 관리한다는 의미에서 '셀프코칭'이라는 단어를 사용하게 된 것이다.

이 책에서는 이 '셀프코칭'을 중심으로 자기분석과 설득, 교섭능력, 상담 등의 모든 심리적인 기술을 소개함으로써 독자들이 능력있는 '人財'로서 자리매김할 수 있도록 돕고 있다. '허울 좋은 말장난에 불과하지 않을까' 하는 의심을 품기 전에 '어떻게 하면 내 입장에서 잘 활용할 수 있을까' 혹은 '어떤 부분이 나에게 잘 맞을까'를 먼저 생각하는 긍정적인 사고가 필요하다. '人財'라는 목표를 이루어내는 데 필요한 참고서로 삼는다면 저자로서 더할 나위 없는 기쁨이겠다.

본문의 내용에는 심리학자인 본인의 의견을 중심으로 카와키타 타카코(河北隆子) 씨, 고토 마사루(後藤成) 씨, 후루카와 미나호(古川美奈穗) 씨와 같은 각계 전문가의 조언이 함께 담겨져 있다.

비즈니스 잡지를 통해 활발히 활동하고 있는 오카와 츠요시(小川剛) 씨는 모든 원고를 책으로 묶어냄으로써 이 책의 산파역할을 담당했다. 5명의 집필진의 노력을 한 권으로 엮어 완성한 셈이다.

기업이 원하는 인재, 실무에서 가치를 인정받는 인재, 조직을 움직이는 인재…… 누구에게나 가능성은 열려 있다. 자신의 능력을 이끌어 내는 데 이 책이 조금이나마 보탬이 될 수 있기를 진심으로 응원하는 바이다.

이토 아키라(伊東明)

잘나가는
인재가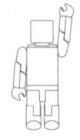
되는
셀프코칭

제1장

015 회사는 톱니바퀴 속에 사원을 밀어넣기를 원한다

01 회사는 진정 '능동적인 인재'를 원하는가

02 회사라는 이름의 톱니바퀴

03 스스로 부속품이 된다?

04 수동적인 사원에서 능동적인 인재로

05 자아실현의 욕구

06 이 책을 보는 방법

제2장

045 내 안에 흔들리지 않는 토대를 만든다

07 토대가 있는 사람과 없는 사람의 차이

08 가치있는 일이란 무엇인가

09 자기확인 - 자신의 장, 단점을 안다

10 통합성

11 명확한 비전(vision)을 갖는다

12 스스로 질문하라

13 나를 칭찬하자

14 작은 일에서 성취감을 얻는다

제3장

스스로 생각하고 답을 찾는다

15 문제를 외면하지 않는다

16 상식에서 벗어나 남과 다른 시점을 갖는다

17 자기와의 대화

18 정답은 하나가 아니다

19 조건을 바꾸어 생각하라

20 조절 가능한 답을 이끌어 낸다

21 오감(五感)을 최대한 활용한다

22 입장을 바꾸어 생각한다

23 생각을 말로 표현한다

제4장

121 변화의 중심에 선다

24 생각에서 행동으로

25 긍정적인 효과와 위험성을 파악한다

26 상하관계에 너무 연연하지 말자

27 마음을 열고 의지를 표현한다

28 상사의 타입별 공략법

29 상담을 통하여 상대를 끌어들인다

30 임프레션 매니지먼트

31 상사를 코치한다

32 설득하는 기술을 마스터한다

제5장

163 회사의 틀을 넘나드는 인재가 된다

33 회사의 틀에서 벗어난다

34 시장가치는 누구나 가지고 있다

35 객관적인 시각에서 '나'를 되돌아본다

36 내가 가진 자원(resource)은 무엇인가

37 다양한 비전(vision)을 갖는다

38 잠재되어 있는 능력을 이끌어 낸다

190 저자 약력

역자 소개

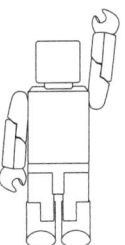

제1장

> 회사는
> 톱니바퀴 속에
> 사원을
> 밀어넣기를
> 원한다

01 회사는 진정 '능동적인 인재'를 원하는가

경영 컨설턴트인 친구로부터 전화가 걸려왔다. 그는 업무상 여러 기업의 책임자들과 만날 기회가 잦은데, 누구나 똑같은 불평을 늘어 놓는다는 것이다.

"쓸만한 인재가 없어."

"괜찮은 인재를 찾는 방법은 없을까요?"

사람들은 곧잘 기업 경영에 필요한 조건으로 사람, 물건, 자금, 정보를 꼽는다. 어느 것 하나 중요하지 않은 것이 없겠지만 '회사'라는 유기적인 조직체를 구성하고 있는 요소 중 가장 중요한 것은 두말할 나위 없이 '사람'이다. 개발, 영업, 기획, 상품…… 인재야말로 회사의 존재가치와 부가가치를 만들어 내는 힘의 근원인 것이다.

사람(인재) 없이 회사는 성립할 수조차 없다는 사실을 생각할 때, 경영자가 좋은 인재를 원하는 것은 어쩌면 당연한 일인지도 모른다.

앞서 잠깐 언급한 바와 같이 경영자가 원하는 '좋은 인재'의 의미는 의외로 간단하다.

'스스로 생각하고 능동적으로 움직이는 인재'

상사의 지시에 그대로 복종하기만 하는 인재는 변화의 시대에 살아남을 수 없다. 필요하다면 스스로 아이디어를 내고 그것을 실무에 적용시키는 인재, 대부분의 경영자들은 그런 인재와 함께 일하고 싶어한다.

그렇다면 현실은 어떠한가. '스스로 생각하고 행동하는 사원'은 기업으로부터 진정 환영받고 있는가.

정도의 차이는 있겠지만 그 질문에 대한 대답은 부정에 가깝다. 물론 근무 기간에 의해 승진이 결정되는 기존의 인사 시스템에서 능력 위주로 보수가 결정되는 시대로 변한 것은 사실이다. 소수이긴 하지만 능동적으로 일하는 사원에게 그에 합당한 지위와 보수를 보장하는 기업도 생겨나고 있다.

그러나 안타깝게도 대다수 기업의 근무 환경은 보수적인 상하관계가 그대로 유지되고 있어 능동적인 활동 자체가 거의 불가능한 실정이다.

능력 위주의 인사개혁은 공정한 평가를 전제로 이루어져야 한다. 십여 년 전부터 이 제도를 도입한 일본 기업은 평가시스템 분야에 있어 미국이나 유럽의 기업보다 상당히 뒤쳐져 있다. 최악의 경우, 평가제도를 마련하지 못해 기존의 연공서열제도(年功序列制度)로 돌아가는 기업마저 등장했다. 하지만 평균적으로는 현재 시행착오를 거쳐 한 걸음씩 앞으로 나아가는 중이다.

결론적으로 말해 '스스로 생각하고 능동적으로 움직이는 사원'을 제대로 대접하는 시스템이 기업 사회에 뿌리내리지 못하고 있는 것이다.

point 기업사회에는 '스스로 생각하고 능동적으로 움직이는 사원'을 대접하는 시스템이 제대로 뿌리내리지 못하고 있다.

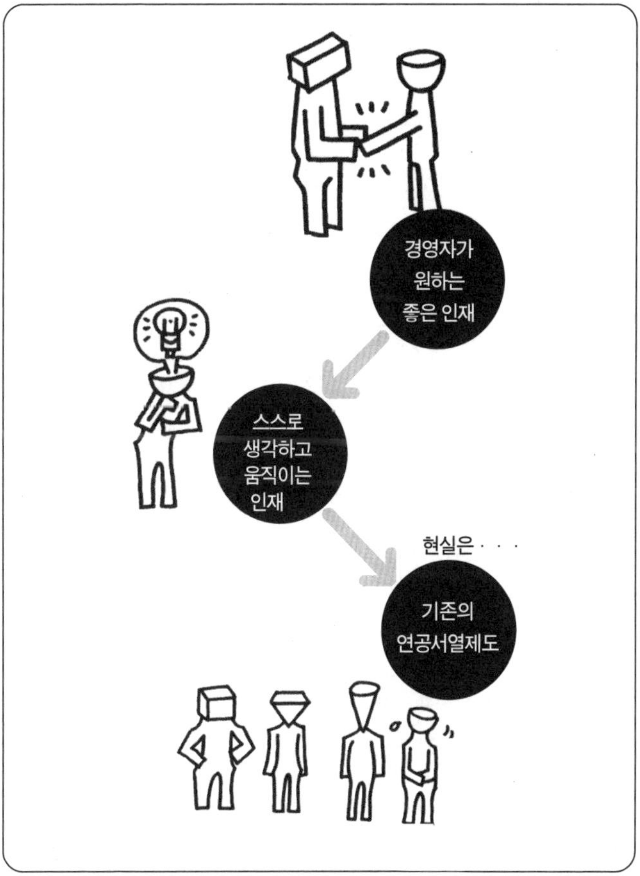

- 경영자가 원하는 좋은 인재
- 스스로 생각하고 움직이는 인재
- 현실은···
- 기존의 연공서열제도

02 회사라는 이름의 톱니바퀴

조직력이 승부의 열쇠였던 대량생산, 대량소비의 시대에 근무 기간을 따라 식위를 정하는 시스템은 매우 효과적인 제도였다.

물건을 만들기만 하면 팔려나가는 생산자중심의 시대였던 탓에, '이런 물건을 만들라' 는 경영자의 지시에 따라 움직이면 얼마든지 이익을 낼 수 있었다.

문제는 이처럼 느긋한 시대가 이미 옛이야기가 되어버렸다는 사실이다. 백인백색(百人百色), 소비자의 다양한 기호를 소화해야 하는 고객중심의 시대가 온 것이다. 마케팅에 의해 소비자의 욕구를 촉진시키거나 잠재적인 수요에 따라 상품을 개발하지 않으면 물건이나 서비스는 결코 팔리지 않는다.

'이런 물건을 만들라' 는 경영진의 지시를 그대로 따르면 회사의 실적이 올라간다는 것은 이제 물 건너간 이야기이다. 오히려 영업이나 마케팅 현장에서 소비자와 직접 부딪치는 사원들의 아이디어나 행동력이 제품 개발의 핵심이 되고 있다.

거대한 기계 안의 부속품에 지나지 않는 사원이 아닌 '스스로 생각하고 움직이는' 사원이 점차 회사의 중심에 서게 된 것도 그런 이유에서이다.

경영을 책임지고 있는 사람들도 이와 같은 변화를 감지하고 있긴 하다. 적어도 겉으로는 '상사의 명령에 순종하는 것만으로는 부족하다. 무언가 달라져야 한다'면서 저마다 목소리를 높인다. 그러나 오랜 기간 연공서열에 의해 무뎌진 감각을 되찾기란 생각보다 어렵다. '윗사람이 더 많이 알고 있다' 혹은, '아랫사람은 윗사람이 시키는 대로 따라야 별 탈이 없다'는 식의 사고방식이 그대로 남아 있는 것이다.

그래서일까? 실제로 부하가 자신의 생각대로 움직이려고 하면 상사는 대개 부정적인 반응을 보인다. '쓸데없는 짓'이니 신경 쓰게 하지 말라는 식이다. 입으로는 '우리 회사는 앞으로 능동적으로 움직이는 인재를 필요로 한다'며 떠들어 댈지 모르지만 속으로는 '정말로 그런 사원이 있다면 얼마나 피곤할까'라고 걱정한다. 다른 부서는 몰라도 우리 부서에는 제발 없었으면 하는 바람과 함께 말이다.

현재 각 기업에서 '책임자'로 불리는 세대는 젊은 시절, 낮은

임금을 참아내며 묵묵히 일했던 사람들이다. 이제 겨우 안정되어 자신의 노고를 보상받는 시기에 접어들었건만 '구조조정'과 '능력제도'에 밀려 또다시 자리를 위협받게 된 것이다. 시대의 변화이니 어쩔 수 없다고 생각하면서도 억울한 생각이 드는 것은 어찌보면 자연스러운 일인지도 모른다.

한편으로는 실력과 능력을 고루 갖춘 신세대에게 밀려 자신이 설 땅이 좁아지지 않을까, 하는 두려움도 있다. 자연스레 '스스로 생각하고 움직이는 사원'에 대해 소극적으로 반응할 수밖에 없다.

현실적인 예를 들어 보자. 예전에 어떤 기업 연수 과정 프로그램을 기획했을 때의 일이다. '자립적인 사원을 육성하기 위한 세미나'를 갖는 게 어떠냐고 제안하자, 대부분의 젊은 사원들은 '절대적'으로 필요하다며 고개를 끄덕였다. 그러나 정작 세미나에 대한 결정권을 가진 임원은 '세미나의 효과를 확신할 수 없다'는 이유로 기획 자체를 백지화시켜 버렸다.

어디 그뿐이랴. 신입사원 연수 계획을 세우기 위해 임원들과 모여 앉으면 으레 '올해 신입사원들은 제멋대로인 녀석들이 많으니 군기를 잡아달라' 혹은 '선배에 대한 예의를 가르쳐 달라'는 식의 의견이 튀어나온다. '튀는 사원'이 생기는 것을 아예 처음부터 막겠다는 식이다.

이처럼 회사는 의식적으로, 혹은 무의식적으로라도 기존에 만들어 놓은 톱니바퀴에 따라 움직이고 싶어한다.

point 회사에서는 기본적으로 톱니바퀴의 기능을 수행할 획일적인 사원을 만들어내는 구조로 움직인다.

과거

대량소비, 대량 생산의 시대

상사의 명령에 따라 조직을 동원하면 회사는 높은 실적을 유지할 수 있었다.

현재

고객중심의 시대

소비자와 다양한 만남을 갖는 사원의 아이디어가 중요해졌다.

03 스스로 부속품이 된다?

　표면적으로는 능동적이고 창조적인 사원을 원하면서도 무의식적으로 그것을 거부하다 보면 말과 행동이 서로 어긋나기 마련이다.

　최고 경영자나 상사가 모순된 태도를 보이면 그와 함께 일하고 있는 부하직원들은 '더블 바인드'(Double Bind: 이중구속) 상태를 경험하게 된다.

　'더블 바인드'란 본래 어머니와 자식의 관계에서 생겨난 심리상태를 이르는 전문 용어인데, 직장 내의 상하관계를 설명하는 데 적절하게 이용하고 있다.

　"네가 하고 싶은 대로 해라."

　어머니가 언짢은 얼굴로 이렇게 말한다면 자식은 그 말에 따라 밀고나가야 할지, 아니면 어머니의 의중을 살펴야 할지 고민에 빠지게 된다. 이때 자식이 받는 스트레스를 '더블 바인드' 즉, 이중구속이라고 하는데, 심리학에서는 흔히 분열증상을 일으키는 원인으로 알려져 있다.

상사와 부하의 관계에서도 이와 비슷한 상황은 얼마든지 있을 수 있다.

"스스로 생각하고 능동적으로 움직이는 사원이 되라."

상사의 이런 이야기를 듣고 감명받은 부하직원이 그대로 따르자, 상사는 전혀 다른 얼굴로 '어째서 제멋대로 행동하느냐'며 핀잔을 늘어놓는 것이다.

이것은 두말할 나위 없이 '더블 바인드'의 상태이다. 독자들 가운데에도 '자유로운 발상으로 기획서를 만들라'는 상사의 말에 그대로 따랐다가 비웃음만 당했던 경험이 있을 것이다.

그렇다면 더블 바인드 상태에 놓인 사원에게는 어떤 변화가 생길까? 우선 첫 번째 단계로 어떻게 행동해야 할지 모르게 되고, 심한 경우 무기력증에 빠지게 된다.

상사의 눈밖에 나지 않기 위해, 혹은 남에게 손가락질 당하지 않기 위해 안전하고 무난한 길을 택하다 보면, 결국 '잠자코 가만히 있다가 회사가 하자는 대로 하면 되겠구나'라는 생각이 머리에 박히게 되는 것이다.

인간이란 조건에 맞추어 행동하기 마련이다. 나와 주변 사람들의 행동이 가져온 결과는 미래의 행동양식에 많은 영향을 끼친다. 만약 어떤 행동으로 인해 보수를 더 받았다면 그것을 따라

하는 사람들이 폭발적으로 늘어나겠지만 행동에 대한 결과가 형벌이나 손해로 돌아왔다면 가급적 회피하려고 하는 이치와 같다.

능동적으로 움직이는 사원이 거의 없는 조직이란 사원의 자발적인 행동에 대한 대가가 거의 제로 아니, 마이너스에 가깝다는 것을 의미한다.

그것은 상사의 화난 얼굴이나 주변의 질투일 수도 있고 최악의 경우, 전출이나 퇴출처럼 명확한 형태로 나타날 수도 있다. 아무리 사소한 일이라도 반복되다 보면 스트레스가 되고, 결국에는 조직에서 튀는 행동을 하지 않으리라는 결심으로 이어진다.

회사를 그만두고도 곧바로 다른 직장으로 옮길 수 있을 만큼 경기가 좋다면 이와 같은 현상은 그리 두드러지지 않을 것이다. 그러나 열악한 고용환경이 몇 년째 지속되고 있는 지금은 어떻게 해서든지 회사에 남으려는 심리가 모든 사원의 마음을 지배하고 있다.

'스스로 생각하고 능동적으로 움직이는 사원'이 필요하다는 구호는 이미지 관리일 뿐 회사가 '순종적인 사원'에게 더 나은 대우를 해준다면 자연히 그 길을 선택하는 사람은 더욱 늘어날 것이다.

point 더블 바인드(이중구속) 상태에 놓인 사원은
'순종적인 사원' = '조직이 원하는 인재'라는 생각을 하게 된다.

- 어떻게 행동해야 할지 몰라 우왕좌왕한다.
- 상사에게 혼나지 않기 위해 조심하게 된다.
- 시키는 일 이외에는 아무일도 하지 않는 편이 낫다고 판단한다.
- 무기력해진다.

04 수동적인 사원에서 능동적인 인재로

'회사가 만든 톱니바퀴'란 말 자체는 획일적인 면을 부각시킨 부정적인 이미지이다. 하지만 조직에 속한 이상, 그 부속품이 되는 것은 숙명과도 같다. 문제는 '어떤 종류의 부속품이 되느냐'일 것이다.

현재 사회구조는 엄청난 변화를 겪고 있다. 피라미드 형태의 기업조직이 붕괴되면서 점차 정방형 구조를 가진 소규모 회사가 눈에 띄게 늘었다.

의사 결정 시간이 많이 걸리는 피라미드 형태의 거대조직은 급격한 변화의 시대에 대응할 수 없기 때문에 기민한 행동력이 장점인 정방형의 구조로 진화하고 있는 것이다.

거대조직 안에서 사원은 말 그대로 부속품에 지나지 않았다. 그래서 기업은 획일적인 인재를 대량으로 모집하였고 부속이 닳아 못 쓰게 되면 다른 부속을 갈아끼우면 그만이었다. 제 아무리 튼튼하고 세련된 기능을 가진 부속이라도 톱니바퀴를 움직이는 것 이외에 다른 용도는 없었다.

반면, 정방형의 조직 속에서는 구성원의 숫자 자체가 적기 때문에 하나의 부속품이 여러 가지 기능을 하지 않으면 안 된다. 게다가 서로 유기적으로 연결되어 있어 부속 하나가 조직 전체를 활성화시키거나 마비시킬 수도 있다. 따라서 조직이 원하는 대로 움직이기만 하는 부속품은 살아남기가 어렵지만 반대로, 자신의 능력으로 조직을 일으키는 부속품은 높이 평가받게 된다.

앞서 설명한 바와 같이 지금은 회사 조직이 중심이 되는 시대가 아니다. 어떤 상품이나 서비스를 막론하고 회사를 움직일 '마스터 키'는 소비자와 직접 부딪치는 사람들이 쥐고 있다.

만일 귀하게 얻은 정보를 행동으로 옮기려 할 때, 상부의 지시를 받기 위해 시간을 낭비한다면 모처럼의 기회도 물거품이 될 것이다. 시대의 변화를 따라잡기 위해서는 거대한 피라미드형 조직보다는 정방형 모양의 작은 조직이 훨씬 유리하다.

단, 간과할 수 없는 것은 아무리 조직의 형태가 변한다고 해도 현장에서 일하는 사원이 상부의 지시와 명령을 기다리기만 한다면 결과는 마찬가지라는 점이다.

겉으로 드러나지는 않지만 조직 안에는 사원을 순종적으로 만들려는 힘이 작용한다. 다행스러운 것은 예전에 비해 능동적인 인재를 구하려는 욕구가 늘고 있다는 사실이다. 관리직을 대상으로 한 세미나에서 '스스로 생각하고 움직이는 인재가 필요하다고 생각하십니까?'라고 물으면 거의 대부분이 '그렇다'고 답한다. 그 이유에 대해서는 '말단에서 일하는 사원이 고객의 욕구를 가장 확실하게 파악하고 있기 때문에'라는 내용이 가장 많고, '눈코 뜰 새 없이 바쁜 상황에서 상사의 지시만을 기다려서는 절대 일이 늘지 않는다'는 의견도 있다.

결정권을 가진 상사 역시, 능동적인 사원의 필요성에 대해 인식하고 있는 것 역시 다행스러운 일이 아닐 수 없다. 앞으로 비즈니스 사회의 중심에 설 주인공은 역시 '능동적인 사람'이다. 회사가 만들어 놓은 톱니바퀴를 따라 돌아가기만 해서는 살아남을 수 없기 때문이다.

어차피 톱니바퀴 속에서 부속품이 될 운명이라면 그것을 움직이는 데 조금이나마 활력을 주는 존재가 되어야 하지 않을까. 사소한 일부터 능동적으로 해결한다면 그것만으로도 업무에 대한 선입견으로부터 벗어날 수 있을 것이다. 자신의 경력에도 좋은 영향을 미칠 것임은 두말할 나위도 없다.

어찌보면 '스스로 생각하고 능동적으로 움직인다'는 것은 위험을 감수해야 할 뿐만 아니라 매우 귀찮은 일이기도 하다. 그저 상사의 지시에 따르는 것이 편안한 직장 생활의 지름길일지도 모른다. 그러나 그것은 일시적인 느낌일 뿐이다. 지위가 높아지면서 자신이 프로젝트를 책임져야 할 입장이 되면 다른 사람을 통솔하고 지휘해야만 한다. 상사의 지시만을 따르던 사람에게는 절대 불가능한 일이다. 지금 당장 편하다고 해서 수동적인 자세를 고수했다가는 앞으로 3년, 5년, 아니, 10년 후를 장담할 수 없다. 스스로 일을 찾는 자세만이 앞으로 펼쳐질 비즈니스 인생을 지킬 든든한 버팀목이 되어 줄 것이다.

덧붙여 말하자면, 지금은 회사가 언제 망할지 모르는 위급한 상황이다. 중년층뿐만 아니라 20대, 30대 사원까지도 구조조정의 대상이 되고 있으며, 전직을 생각하는 연령도 점차 낮아지는 추세이다.

급변하는 노동시장에서 가치를 인정받는 단 하나의 기준은 '능동적으로 일할 수 있는가'이다. 이것은 기업과 업종을 불문하고 높게 평가받을 수 있는 확실한 길이다. 어떻게 하면 자신의 가치를 높일 수 있을까. 어떤 식으로 고객의 지지를 얻어내면 좋을까. 상사를 움직일 방법은 없을까……

자신의 생각을 행동으로 옮길 때마다, 혹은 중요한 결정을 내릴 때마다 끊임없이 질문해야 한다. 그로 인해 회사를 그만두게 되더라도 능동적인 자세는 자신의 경력을 키우는 가장 강력한 무기임을 잊어서는 안 된다.

point 조직의 움직임에 따라가는 사원은 살아남을 수 없다.
자신의 시장가치를 높이는 방법은 '스스로 생각하고 움직이는 사원'이 되는 것이다.

왜 능동적인 인간이 되어야 하는가?

3가지 포인트

- 필요에 의해서
  현장 경험을 가진 사람만이 고객의 욕구를 파악할 수 있다.

- 자기실현
  능동적으로 움직임으로써 사회생활에 활력을 얻을 수 있다.

- 미래대비
  지시에 따르기만 하는 인간은 5년, 10년 후 발전을 기대할 수 없다.

05 자아실현의 욕구

앞서 '스스로 생각하고 행동하는 인재'가 될 필요성에 대해 설명하였다. 시대적인 환경이 그러한 인재를 원하고 있으며, 긴 안목으로 볼 때 경력에 많은 도움이 되리라는 것이 주된 내용이었다.

그러나 인간은 저마다 다양한 모습으로 살아가고 있다. 일보다는 가정을 더 중요시하거나 순종적인 태도가 최고라고 생각하는 이도 있기 마련이다. 아무리 자신에게 유익하다고 해도 하루아침에 지금까지의 사고방식을 부정한다는 것은 누구에게나 불가능한 일일 것이다.

다만, 이 책을 통해 확실하게 말할 수 있는 것은 극단적으로 조직에 충성하는 태도에서 벗어나 생각과 행동양식을 변화시키게 되면, 적어도 예전보다 나은 기분으로 업무에 임할 수 있다는 사실이다. 지루한 일상에 약간의 활력을 얻고 더 나아가 자신의 인생을 적극적으로 발전시킬 수 있는 계기로 삼을 수 있다면 한

번쯤 도전해볼 만하지 않은가.

행복과 불행, 인간은 단순히 먹고 일하고 잠자기 위해 살지 않는다. 자기 주장은 전혀 없이 상사의 지시만을 따르면서 만족을 느끼기란 더더욱 쉽지 않다. '지금 상태가 최선이다', '어차피 노동의 대가를 받는 것 이상은 기대하지 않는다'는 말을 입버릇처럼 말하는 사람도 내심 허전함을 느낄 것이다.

심리학자 아브라함 마즐로는 '인간의 욕구는 다섯 가지로 나눌 수 있으며, 그것은 피라미드의 형태를 띠고 있다'고 말한 바 있다.

1단계, 2단계인 '생리적인 욕구'와 '안전에 대한 욕구'는 인간이 살아가는 데 있어서 가장 기본적인 의식주에 관련된 것으로, 성욕과 식욕이 이에 속한다. 3단계, '진화의 욕구'란 다른 사람들과 교류하면서 서로 닮아가고자 하는 욕구이며, 4단계인 '자아의 욕구'는 집단 속에서 가치있는 존재로 인정받고 싶어하는 욕구이다. 마지막 5단계는 '자아실현의 욕구'인데, 자신의 능력과 가능성을 발휘하고 창조적인 활동을 통해 스스로 발전하고자 하는 욕구이다.

마즐로의 이론에 따르면 인간의 욕구란 피라미드의 가장 밑바닥으로부터 시작되어 욕구가 채워질 때마다 그 윗단계를 목표로 삼는다고 한다(욕구단계설).

일단 조직에 소속되어 보수를 받게 되면 이미 3단계까지는 충족되었다고 할 수 있다. 그러나 4, 5단계인 '자아의 욕구'와 '자기실현의 욕구'는 단순히 회사를 다니는 것만으로는 결코 채워지지 않는다.

겉으로는 '단순한 부속품이라도 좋다. 웬만큼 생활도 가능하고 이대로 특별히 불편하지 않으니까'라고 말하겠지만 무언가 채워지지 않은 듯한 느낌이 들 것이다.

자신의 일에 대해 만족하고 있다면 그보다 행복한 일은 없다. 반대로, 참을 수 없을 만큼 불만족스럽다면 그것도 그리 나쁘지는 않다. 직업을 바꾸거나 직접 창업에 나서면 그만이기 때문이다.

문제는 만족이나 불만 없이 무의미하게 살아가는 경우이다.

'지금 이대로도 괜찮아. 사는 데 특별히 불편한 것도 없으니까.'

'하지만 내 인생은 끝난 게 아니야. 무언가 하고 싶은 일을 찾아야 하지 않을까.'

두 가지 서로 상반된 생각으로 끝없이 갈등하면서 허송세월하는 것이야말로 가장 어리석은 일일 것이다.

어떤 결정을 내릴 때까지 고민하는 과정이야 자연스러운 일이지만 아무런 이유 없이 현실에 대한 불만을 참아낸다면 자신에게도 결코 좋을 리 없다. 알코올이나 도박에 빠지는 상황까지 이르지 않더라도 일에 대한 흥미를 느끼지 못하고 그대로 인생의 한 부분을 허비하게 될 수도 있다.

현실과 무의식의 차이를 줄일 수 있는 가장 간단한 방법은 무엇일까. 그것은 자신이 처한 상황에서 해결책을 찾는 것이다. 회사를 그만두고 세계여행을 떠난다든지 거금을 들여 사업을 시작하는 등의 거창한 시작이 아니어도 좋다. 내가 있는 자리에서 문제를 찾아내고 해결하려는 노력이 우선이다. 회사 안에서 나의 존재가치를 확인하고 내가 하는 일이 얼마나 중요한 일인지 깨닫게 된다면 갈등의 폭은 자연히 줄어들게 될 것이다.

일에 대한 만족감은 정신 긴장에도 매우 유익하다. 내 덕분에 부서가 제대로 돌아간다는 자부심은 자기발전을 가능케 할 뿐만 아니라 일상적인 기쁨도 함께 가져다 줄 것이다. 그것은 결코 돈으로 환산할 수 없는 소중한 자산이다.

'스스로 생각하고 움직이는 인재'는 자기실현이라는 기본욕구를 충족시키는 가장 쉬운 방법인 것이다.

point '스스로 생각하고 움직이는 인재'가 되는 것은 자기실현의 욕구를 충족시키는 방법이다.

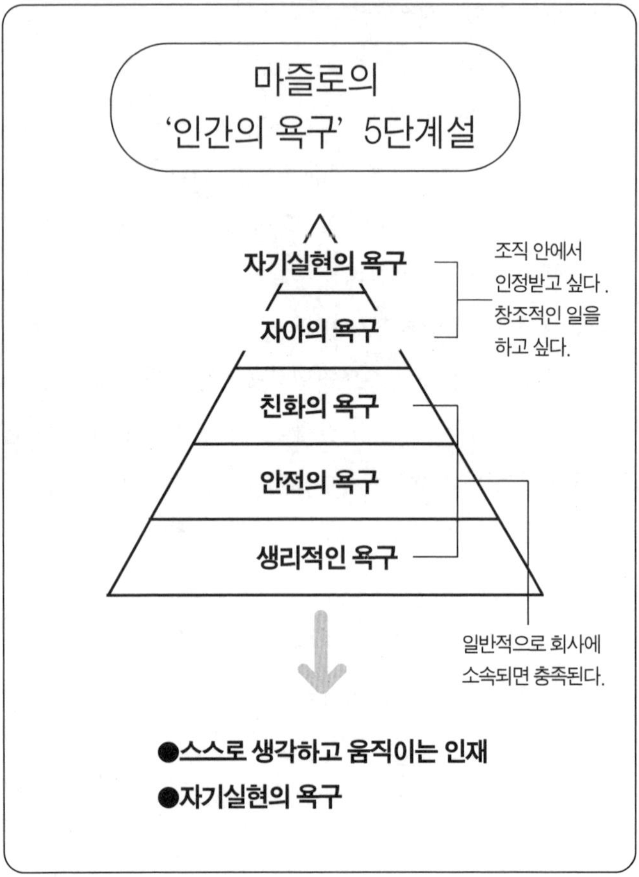

마즐로의 '인간의 욕구' 5단계설

- 자기실현의 욕구
- 자아의 욕구

→ 조직 안에서 인정받고 싶다. 창조적인 일을 하고 싶다.

- 친화의 욕구
- 안전의 욕구
- 생리적인 욕구

→ 일반적으로 회사에 소속되면 충족된다.

⬇

- ●스스로 생각하고 움직이는 인재
- ●자기실현의 욕구

06 이 책을 보는 방법

이 책의 목적을 한마디로 정리하자면 모든 독자가 '능동적인 인재'가 되는 것이다. 그 구체적인 방법이 바로 '코칭'이라는 개념이다. 코칭이란 무엇인가. 코칭의 기술은 본래 스포츠를 통해 발전하였다. 흔히 코치라고 하면 선수에게 이런 저런 지시를 내리는 사람의 이미지가 강하다. '커브로 날아온 공은 이렇게 쳐라' 혹은 '라켓은 정면에서 내리 쳐라' 등의 지시를 내리고 선수가 그대로 재현하지 못하면 '훈련이 부족하다. 자질이 없는 게 아니냐'는 식으로 호통을 치는 사람을 말한다.

이와 같은 명령형의 수법은 실제로 선수 스스로 '해답'을 찾는데 매우 효과적인 것으로 알려져 있다.

코치는 기술을 직접 가르치는 것이 아니라 선수 자신이 가지고 있는 능력을 연마하고 그것을 발휘하는데 도움을 줄 뿐이다. 이것을 비즈니스 업계에 응용한 것이 바로 '코칭' 이론이다.

세일즈를 예로 들어 보자. 상사가 부하직원에게 '이런 타입의 고객에게는 이 방법이 좋다'라고 지시를 내리는 것이 일반적인 상식이었다. 그러나 여기에 코칭 기술을 도입하면 '이런 고객에게는 어떤 식으로 영업을 하면 좋을까?', '오늘 영업하면서 좋았던 점과 개선해야 할 점은?'과 같은 식으로 바뀌게 된다. 말하자면 상사가 코치 역할을, 부하(세일즈맨)가 선수의 역할을 대신하는 것이다. 앞서 설명한 바와 같이 현장에서 고객을 직접 상대하는 사원들이 중심이 되는 사회라면 분명 비즈니스 세계에도 코칭이 널리 이용될 것이다.

코칭의 기본은 질문하는 사람과 받아들이는 사람의 2인 3각 관계로 이루어진다. 사원 한 명에게 코치 역할을 할 상사가 정해져 있다면 좋겠지만 회사에서는 구조상 그것이 불가능하다. 개인 코치가 정해지지 않은 사람들을 위해 이 책에서는 각 단계별로 체크 리스트를 만들어 스스로 자신을 컨트롤할 수 있도록 배려하였다.

그러나 이 책은 단순히 코칭의 기술만을 다루고 있지는 않다. 능동적인 인재가 되기 위해서는 강인한 정신력이 필요하다. 주위의 소음에 일일이 신경 쓰면서 스트레스를 받는다면 가능성은 매우 희박해진다.

그래서 가장 기본적인 심리 카운슬링 요법을 덧붙여 놓았다. 자신의 의지를 굳게 다지는 한편, 새로운 마음가짐으로 내 안을 들여다볼 소중한 기회가 될 것이다.

'스스로 생각하고 움직인다'는 의지가 확립되는 과정에서 그 효과가 주변사람들에게도 전파되어 상승효과를 거둘 수도 있다. 살다 보면 말 한마디가 마찰을 불러일으키거나 반대로 관계를 더욱 친밀하게 바꾸어 놓는 경우를 흔히 보게 된다. 이 책에서는 심리학적 기술을 초보에서 상급까지 소개하고 있는데, 특히 설득과 교섭면에서 매우 유용하게 사용할 수 있을 것이다.

변화의 주체, 능동적인 인재가 되기 위한 기술과 방법, 심리학을 근거로 한 이론 등은 응용하기 쉽도록 매만져 놓았다. 심리학에 대해 전혀 지식이 없는 사람이라도 그리 어렵거나 지루하게 느끼지는 않을 것이다.

책의 내용은 다섯 단락으로 나뉘어져 있다. 제1장에서는 스스로 생각하고 움직이는 인재의 중요성에 대해, 제2장에서는 그런 인재가 되기 위해 기본적으로 갖추어야 할 요소에 대해 설명하고 있으며, 제3장에서는 구체적이고 효과적인 방법을 소개하고 있다.

스스로의 힘으로 생각하고 '해답'을 얻게 되면 자신의 내면을 확실히 파악하게 됨은 물론, 주변에도 영향력을 발휘하게 된다. 그렇다고 해도 주변상황과 사람들의 기분을 무시한 채 자기본위로 움직인다면 아무 소용이 없을 것이다. 이에 착안, 제4장에서는 주변을 변화시키는 데 가장 효과적인 방법을 제시하고 있다.

4장까지 내용을 습득했다면 이미 능동적으로 움직일 자세가 되어 있을 것이다. 마지막 제5장에는 회사나 업종을 초월하여 자신의 능력을 발휘할 수 있는 사람, 그런 인재의 중요성과 행동방식이 담겨져 있다.

인간은 누구나 무한한 잠재적 능력을 지니고 있다. 그 능력을 묻어둔 채 허송세월을 보내는 것은 안타까운 일이 아닐 수 없다. 자신이 가진 능력을 이끌어 내기 위해서는 어떻게 하면 좋을까. 그것은 '이렇게 해보고 싶다'와 '지금 이대로 괜찮은가'라는 두 가지 질문에 대한 해답을 찾는 것이다. 현실에서 해결책을 찾아내려는 노력이야말로 능동적인 인재의 기본이다.

대부분의 사람들은 내면의 목소리에 귀기울이지 않고 그저 주어진 일상에 따라 흘러가고 있다. 내면에서 끓어오르는 '무언가'를 확실하게 인식하고 실생활에서 응용할 수 있도록 만드는 것이 이 책의 궁극적인 역할이다. 잠재능력을 최대한 살리고 독자들의 생활을 유익하게 변화시키는 데 도움을 줄 수 있다면 이 책의 소임은 다 이루었다고 볼 수 있다.

point '코칭'의 기술은 사람마다 가지고 있는 잠재능력을 이끌어 내는 것이다.

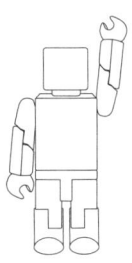

제 2 장

내 안에
흔들리지
않는
토대를
만든다

07 토대가 있는 사람과 없는 사람의 차이

스스로 생각하고 행동하는 인재가 되기 위한 첫 걸음은 우선 '나'를 알고 그 위에 토대를 세우는 일이다. '나'를 안다는 것은 모든 행동의 원점이 된다. 자신을 파악하지 못한 사람은 대부분 주변상황에 휩쓸리는 경향이 있다.

'당신은 무엇을 위해 일하고 있습니까? 나를 위해서? 아니면 가족? 생활비를 벌기 위해서? 취미로? 자기실현을 위해 노력하고 있습니까?'

이런 질문을 받았을 때 확실하게 대답할 수 있다면 적어도 지금 상황에 대한 명확한 해석이 가능해진다. 경우에 따라서는 자신의 의지와 상관없이 무작정 사회로 뛰어든 사람도 있을 것이다.

나는 과연 장, 단점을 제대로 파악하고 있는가? 장점에 대해 확실히 알고 있다면 그것을 살려 다른 사람을 변화시킬 수 있을 것이고, 약점을 안다면 막연한 두려움에 사로잡혀 스스로 위축

될 것이다. 가능한 한 약점을 드러내지 않도록 주의를 기울이면서도 한편으로는 약점을 극복하기 위해 숨은 노력을 기울일지도 모른다.

'내 일인데, 내가 가장 잘 알고 있지 않을까.'

이렇게 되묻는 사람도 있겠지만, 실제로는 자신의 실체를 모르고 살아가는 경우가 많다. 다른 사람의 헛점은 잘 찾아내지만 정작 내가 가진 치명적인 단점은 지나치기 쉬운 법이다.

나를 안다는 것은 의외로 힘든 일이다. 어쩌다 인정하고 싶지 않은 자신과 마주쳤을 때 그것을 거부하거나 외면하고 싶은 충동에 빠지기 때문이다. 그러나 이와 같은 유혹을 물리치고 조금씩 안으로 들어가다 보면 자신의 사고와 행동을 지배하고 있는 토대가 점차 시야에 들어올 것이다.

사람의 토대('핵'이라고 불러도 무방하다)를 구성하는 요소를 파악하는 방법에는 여러 가지가 있지만 이 책에서는 '가치'와 '자기확인', '통합성', '비전', '질문하는 습관', '자기강화', '성취감', 모두 7가지를 준비하였다. 7개의 기둥을 모두 세우는 것으로 토대의 기초공사가 완성된다고 생각하면 된다. 그러면 이제 토대를 구성하는 각 항목에 대해 살펴보도록 하자.

인생을 살다 보면 선택의 기로에 서야만 하는 순간이 여러 번 찾아온다. 오른쪽? 왼쪽? 아니면 그대로 전진? 이런 경우 대부분은 자신의 토대 즉, 가치관과 비전 등을 기준으로 결정을 내린다.

인간의 마음속에는 분명 모든 사고를 떠받치는 토대가 존재한다. 다만 그것이 무엇인지 확실하게 인식하고 있는 사람이 적을 뿐이다. 모르고 있다는 것은 없는 것과 별반 차이가 없다. 그래서 더욱 위험하다.

예를 들어 업무상 아이디어가 떠올랐다고 치자. 확실한 토대가 만들어져 있는 사람이라면 그것을 실현시키기 위해 곧바로 행동으로 옮길 것이다. 그러나 토대가 제대로 자리잡지 못한 사람은 모처럼 아이디어를 얻었다고 해도 '내가 무슨 일을 하겠다고……' 혹은 '일이 커지면 귀찮아질 텐데……' 하면서 그대로 주저앉아 버린다. 스스로 새롭게 열린 가능성을 포기하는 것이다.

주위 환경을 변화시키고자 할 때도 '나는 ooo 생각을 가지고 있기 때문에 이렇게 하고 싶다', '앞으로 ooo가 되고 싶다. 그래서 지금 이것을 해야만 한다'는 식으로 자신의 의지를 표현한다면 상대방에게 쉽게 전달될 수 있다. 다시 말해 토대가 단단할수록 설득하는 힘도 강해지는 것이다.

반대로 확실한 비전이나 의지가 없는 즉, 토대를 갖지 못한 사람은 상대방을 끌어들이지 못한다. 오히려 새로운 의문을 품게 하거나 그나마 갖고 있던 신뢰까지 잃어버리기 십상이다.

누군가로부터 '어떻게 그런 생각을 하게 되었습니까?' 라는 질문을 받으면 '글쎄요. 설명하기는 좀 어렵지만……' 이라고 말하면서 움츠러든다.

토대가 있는 사람이라면 반론이 제기된다고 해도 기죽지 않고 버텨낼 수 있을 것이다. 거센 반발로 인해 아이디어가 물거품이 되어도 토대만 있다면 언제든지 새로운 발상이 떠오를 것을 믿기 때문이다. 주변에서 사람들을 곧잘 끌어 모으는 사람들을 떠올려 보자. 그리고 그 사람에게 신뢰감을 갖고 있는 이유에 대해 곰곰이 생각해 본다. 혹시 그의 이야기에서 일관된 의지가 느껴졌기 때문에 자연스럽게 이끌린 것은 아닐까?

토대가 있는 사람과 없는 사람의 차이는 예측불허의 사고에 직면했을 때 더욱 두드러진다. 교통사고나 질병, 회사의 도산, 구조조정……. 지금까지 쌓아왔던 인생이 한 순간에 무너지면 누구나 절망에 빠진다. 이때 토대가 없다면 인생은 그 상태에서 결코 벗어나지 못할 것이다. 그러나 단단한 토대를 지닌 사람은 물질과 경력 모두를 잃었다고 할지라도 다시 한 번 인생을 시작할 자신감에 차 있을 것이다.

point 토대가 있는 사람은 구조조정이나 도산, 질병, 사고와 같은 상황에서도 헤쳐 나올 만한 힘을 가지고 있다.

토대를 구성하고 있는 7가지 요소

가치, 자기확인, 통합성, 비전, 질문하는 습관, 자기강화, 성취감

- **토대가 있는 사람**
  결정에 흔들림이 없다.
  위기에 직면하더라도 헤쳐 나갈 만한 힘이 있다.

- **토대가 없는 사람**
  혼란에 빠지기 쉽다.
  스스로 가능성을 포기한다.
  주위의 반응에 무너지기 쉽다.
  설득력이 없다.

08 가치있는 일이란 무엇인가

토대를 구성하는 요소 중 하나는 '가치'이다.

일이 순탄하게 풀려가지만 어딘가 허전하다는 느낌이 든다든가, 반대로 출세나 금전적으로는 별 도움이 되지 않지만 일하는 것 자체만으로도 기분이 좋아지는 경우도 있다.

전문적인 능력이나 지식, 기술은 일의 선택에 있어 매우 중요하다. 그러나 모든 조건을 갖추었다고 해서 반드시 즐거운 사회생활을 누리는 것은 아니다. 그보다 먼저 기본이 되는 조건은 역시 개인적인 가치관이다.

예를 들어 개인주의적인 사람이 조직의 성과나 팀원간의 화합을 중요시하는 직장에 있다면 아무래도 견뎌내기 힘들 것이다. 또한 새로운 일에 대한 도전을 즐기는 사람도 그 능력을 발휘할 만한 기회가 없다면 스트레스가 쌓이는 건 당연하다.

지식이나 기술처럼 후천적인 요소가 갖추어진 상태에서는 경력이 쌓이기 쉽고, 마음만 먹으면 얼마든지 인정받을 수 있다.

반면 가치관이란 본래 선천적이어서 노력 여하에 따라 달라지지는 않는다.

내가 어떤 가치관을 가지고 있는지 파악하게 되면 그에 따라 사물을 판단할 수 있으므로 동기부여가 쉽다. 스스로 납득할 만한 사실을 행동으로 옮기기 때문이다.

반대로 가치관이 확립되어 있지 않은 사람은 주체적인 행동 자체가 어렵다. 내가 원하는 일이 무엇인지 모르기 때문에 자연히 수동적이기 쉽다. 덕분에 회사로부터 대대적인 환영을 받고 있을지 모르지만 일단 사정이 나빠지면 해고대상 1순위는 피하기 어렵다.

몸바쳐 회사에 충성하고자 하는 의지도 나쁘지는 않지만 자신의 가치를 깨닫지 못한 채 일상을 보내다 보면 자신에게 투자할 여력이 생기지 않는다. 돌연 구조조정의 대상이 되었을 때 인생 자체가 허무하게 느껴지는 것도 그 때문이다. 정작 하고 싶은 일이 무엇인지 깨닫지 못한 상태에서 조직의 그늘 아래 안주해 버리는 사람은 회사에서의 존재가치가 낮아지게 된다. 그렇다면 자신의 가치관을 정착시키는 가장 좋은 방법은 무엇일까?

다음 페이지에 그림으로 설명한 바와 같이 우선 몇 개의 단어 중에서 자신에게 해당되는 것을 10개 정도 고른다. 너무 깊이 생각하지 말고 직감적으로 '좋다'는 느낌이 들면 된다.

10개의 단어를 골랐다면 그것을 5개, 3개로 점차 줄여나간다. 마지막에 남는 하나의 단어가 바로 나를 지배하고 있는 가치관이다. 지금까지 자신의 행동과 사고가 모두 여기서 출발했다고 볼 수 있다.

　가치관을 확실히 알았다면 그것을 만족시키기 위해 어떤 행동을 취해야 할지 해답이 나올 것이다. 상사로부터 '앞으로 어떤 일을 하고 싶은가?'라는 질문을 받았을 때 이제는 당당하게 대답할 수 있으리라.

　"저는 ㅇㅇㅇ을 중요하게 생각하고 있기 때문에 앞으로 이런 일을 하고 싶습니다."

　갑자기 다른 부서로 배치되었을 경우에도 가치관만 확실하게 자리잡고 있다면 지나친 스트레스 없이 소화할 수 있는 방법도 쉽게 찾을 수 있을 것이다. 내가 처한 환경에서 기분 좋게 일하기 위해 궁리하다 보면 대인관계에도 적극적으로 대처할 수 있다.

　물론, 자신의 의지와 상관없는 명령이나 지시를 받는 일도 있을 것이다. 이때 '나와 맞지 않으니 하지 않겠다'고 말할 수 있다면 좋겠지만 현실은 그렇지 않다. 인간관계를 중시하는 사회에서 지나친 자기주장은 오히려 손해가 될 수 있으므로 담당하고 있는 분야의 일이라면 그대로 따르는 것이 여러 모로 이롭다.

일단 가치관이 자리잡게 되면 업무에도 많은 변화가 따른다. 지금까지와는 전혀 다른 계층을 대상으로 삼거나 관심있는 분야를 업무와 연결시키는 등 흥미진진한 도전도 가능해지리라 생각한다.

무언가 선택해야 할 상황에서도 시간을 허비하며 미루는 일 없이 과감하게 결정을 내릴 수 있다. 나의 가치관에 맞는다면 자연스레 일에 대한 근성과 의욕이 생겨날 것이다.

point 자신이 가진 가치관을 알면 어떠한 상황에서도 의연하게 대처할 수 있다.

내가 중요시하는 가치를 알게 되면

· 즐겁게 일할 수 있다.
· 행동으로 옮기기 쉽다.
· 판단을 내리기 쉽다.
· 능동적으로 움직이게 된다.

다음 질문을 통해 자신이 가장 중요하게 생각하는 가치가 무엇인지 알 수 있다.

① 직감에 따라 10개의 단어를 선택한다.
② 선택한 단어를 5개로 줄인다.
③ 5개의 단어를 다시 3개로 줄인다.

단어리스트

도전 / 인내 / 가르치는 것 / 매력 / 탐구 / 용기 / 노력 / 배우는 것 / 극기 / 발견 / 흥분 / 빛나는 것 / 성장 / 즐기기 / 세상을 바꾸는 것 / 만남 / 사랑받는 것 / 발명 / 최선을 다하는 것 / 전문가 / 정신적인 것 / 건강 / 이름을 남기는 것 / 최고가 되는 것 / 접촉 / 전진 / 돕는 것 / 커뮤니케이션 / 정열 / 완성시키는 것 / 생산적인 일 / 느긋함 / 안정감 / 몸을 움직이는 것 / 부(富) / 평화 / 유일한 존재 / 기분좋은 것 / 중심이 되는 것 / 가족 / 사랑 / 남과 다른 것 / 정착 / 감성 / 나누는 것 / 존경받는 것

09 자기확인 - 자신의 장, 단점을 안다

확실한 토대를 만들기 위해서는 우선 자신을 알아야만 한다. 바꾸어 말하자면 내가 어떤 인간인지 정확하게 파악해야 한다는 것이다.

문제는 그런 사람이 의외로 적다는 데 있다. 따라서 다음에 제시하는 자기확인 방법을 통해 자신의 장, 단점과 특기 등을 확인하도록 하자.

스스로 '이것만은 자신있다'고 생각하는 것은 무엇인가(만약 생각나지 않는다면 주위 사람들에게 칭찬받았던 것을 떠올려 보자). 반대로 '도저히 재능이 없다'고 좌절했던 것은 무엇인가.

대부분 자신의 장점과 단점, 특기, 약점 등은 잘 알고 있으리라 생각한다. 너무 많거나 적어서 고민일 경우에는 친구나 가족, 직장동료에게 물어보면 된다. 명쾌한 결론을 얻을 수 있을 뿐더러 새로운 점을 발견하게 될지도 모른다.

자기확인과 주위 삶들의 인식을 종합하여 자신을 분석하는 방법이 있는데 그 과정은 다음과 같다(60쪽 그림 참조). 이미 알고 있는 사람도 있겠지만 이것은 심리학에서 자주 쓰이는 도표로, 일명 '조해리의 창문'(Joharry's Window)이라고 한다.

표에는 자기인식(내가 알고 있는 '나'와 알지 못하는 '나')과 타인의 인식(남들이 알고 있는 '나'와 남들이 모르는 '나')이 각각 2가지 파트로 나누어져 있다.

A의 창문은 '자신은 물론 남들도 알고 있는 나'(개방의 영역), B의 창문은 '자신은 모르고 있지만 남들은 알고 있는 나'(맹점(盲点)의 영역), C의 창문은 '자신은 알고 있으나 남들은 모르고 있는 나'(감추어져 있는 영역), 마지막으로 D의 창문은 '자신은 물론 남들도 모르는 나'(미지(未知)의 영역)이다.

예를 들어 가장 친한 친구에게 '나의 장, 단점은 뭐라고 생각해? 라고 물어 보았다고 치자. 상대의 의견이 자기가 생각하고 있었던 것과 같다면 A영역에 넣고, 그것이 평소에 전혀 느끼지 못했던 것이라면 B영역에 넣는다. 스스로 확신하고 있음에도 불구하고 상대방으로부터 듣지 못했던 것이 있었다면 그것은 C영역에 포함시키면 된다.

미지의 영역으로 분류되어 있는 D의 창문은 나와 상대방 모두 깨닫지 못하는 점이므로 공백으로 남겨둔다. 그러나 자신의 숨겨진 면을 드러낸다든지, 다른 사람에게 들었던 의견을 서로 절충해 나가면 이 부분 역시 쉽게 채울 수 있을 것이다. 단, 이런 경우 정보를 공유하는 셈이므로 A의 항목도 동시에 늘어나게 된다.

네 가지 영역을 정리하다 보면 자신이 미처 깨닫지 못했던 모습이 객관적으로 드러날 것이다. 평소 진중하게 행동한다고 생각했는데 주변 사람들은 오히려 활동적인 타입으로 여기는 등, 익위의 견괴는 매우 흔히 나타날 수 있다. 자신도 모르는 사이에 지나치게 진지한 모습을 보이지 않으려 애쓴 탓이리라.

다른 사람의 눈에 나는 어떻게 비춰지고 있을까. 타인이 가지고 있는 이미지와 나의 생각이 일치되는 부분은 어느 정도나 될까. 다른 사람에게 보이지 않으려고 했던 약점이 있다면 그 이유는 무엇인가…….

이 모든 질문에 해답을 찾는다면 그것은 단순히 자기분석의 효과를 넘어 대인관계의 전략으로도 발전할 수 있다.

조해리의 창문은 간단하면서도 다각적인 분석방법으로 유명하지만 애석하게도 그 활용 방법에 대해서는 잘 알려져 있지 않은 것 같다. 손쉽게 응용할 수 있는 방법을 살펴보면, 우선 A의 영역은 나와 타인의 이미지가 합치되는 부분이므로 가능한 이

영역을 넓히는 것이 좋다. 앞으로 인간관계를 풍성하게 하는 데 도움을 줄 것이다.

B의 영역은 타인의 머릿속에 그려진 나의 모습이다. 따라서 그것이 좋은 이미지라면 적극적으로 살릴 필요가 있고, 반대의 경우라면 '앞으로는 내가 먼저 인사해야지', 혹은 '상대방의 이야기에 귀를 기울여야지'와 같은 식으로 보완하면 된다.

C의 영역은 나만이 알고 있는 부분이다. 예를 들어 A의 영역에 활동적인 면이 부각되었다고 해도 C에는 '소극적이다'라고 쓸 수 있다. 중요한 것은 이것을 긍정적인 측면으로 받아들이려는 자세이다. 평소 아이디어를 행동으로 옮길 때 숨겨진 성격을 살려 그것이 현실적으로 활용될 수 있을지 다시 한 번 생각한다면 보다 완벽하게 일을 마무리할 수 있을 것이다. 수위 사람들에게 보이지 않으려 애썼던 부분을 드러냄으로써 얻게 되는 심리적인 안정감 또한 매우 크다.

마지막으로 D의 영역은 나와 타인 모두 알지 못하는 부분이다. 스스로 깨닫지 못한 만큼 주위 사람들과의 커뮤니케이션에 따라 얼마든지 발전할 수 있는 영역이다. 이처럼 분석결과를 행동으로 옮김으로써 조해리의 창문은 예전보다 훨씬 개방적인 모습으로 열리게 될 것이다.

 자기인식과 주변의 이미지를 종합하여 분석한다면 나의 장, 단점을 전략적으로 이용할 수 있다.

조해리의 창문

A 자신은 물론 다른 사람도 알고 있는 '나'

B 자신은 모르고 있지만 남들은 알고 있는 '나'

C 자신은 알고 있으나 남들은 모르고 있는 '나'

D 자신은 물론 남들도 모르는 '나'

● 가능한 한 D의 영역을 개발하는 데 노력한다.

10 통합성

아무리 많은 돈을 벌 수 있다고 해도 의욕이 뒷받침되지 않으면 스트레스가 쌓이기 쉽다. 언젠가 그것이 폭발하게 되면 일 자체를 그만두게 될지도 모른다. 반대의 경우, 정말로 좋아하는 일이라도 최소한의 수입이 보장되지 않으면 오랫동안 그 상태를 지속시키기 어렵다. 적성에 맞으면서도 금전적으로도 여유로운 일을 찾게 된다면 그보다 좋은 일은 없겠지만 지나치게 바쁜 나머지 가족과 함께 할 시간이 전혀 없다면 그것 역시 정상적인 상태라고는 말할 수 없다.

일과 수입, 건강, 가족, 인간관계……. 우리의 삶이 풍요로워지기 위해서는 모든 요소가 균형을 이루고 있어야 한다. 그것이 바로 '통합성'이다. 통합성이 갖추어지면 생활에 활력을 띠는 것은 물론, 새로운 일에 도전할 만한 용기도 생기며 또한 그런 상태가 오랫동안 유지된다. 그러나 통합성이 무너지면 일에 능률이 떨어지고 혼란스러운 상태가 되기 쉽다.

실제로 현실에 대해 고민하면서 소극적으로 행동하는 사람들의 이야기를 들어보면 통합성이 결여된 경우가 많다.

"다른 것들을 포기하더라도 한 가지만 성공하면 되는 것 아닙니까?" 이렇게 반문하는 사람도 있을 것이다. 마이크로 소프트 사의 빌 게이츠 회장처럼 사생활을 모두 포기한 채 일에 몰두하여 엄청난 부와 명예를 거머쥔다면 그것으로 만족할 만하지 않느냐는 의미이다.

이쯤에서 알아 두어야 할 점은 '통합성을 갖춘 사람이 반드시 성공한다'는 식의 공식은 성립하지 않는다는 사실이다. 물론 일을 하다 보면 어느 정도 사생활을 접어야 할 때도 있다. 문제는 일 때문에 생활 전체의 조화가 무너질 때 발생한다. 잠시라도 일을 멈추고 휴식을 취할 여유가 있는지, 평소에 건강을 돌보고 있는지, 사적인 인간관계를 유지하기 위해 노력하고 있는지……

'지금은 눈코 뜰 새 없이 바빠서 그럴 만한 시간이 없다'고 항변하는 사람이라도 통합성을 유지하는 데 마음을 쓸 필요가 있다. 통합성은 한번 무너지면 복구하기 어려울 뿐더러 정도가 심해지면 아예 포기할 수도 있다.

내 안에 어떤 욕구가 숨겨져 있는지 살피고 결여되어 있는 부분이 무엇인지 생각할 만한 여유를 갖는다면 누구나 안정되고 즐거운 삶을 영위할 수 있을 것이다.

직업, 수입, 건강, 가정, 인간관계 등 통합성의 균형이 지켜지면 의욕적인 사회생활이 가능하다.

통합성 체크 리스트

- 좋아하거나 하고 싶은 일이 있으면 시도하는 편이다(시간이 없다는 것은 핑계에 불과하다고 생각한다).
- 편안하게 휴식을 취할 수 있는 시간이 적어도 1시간 정도는 있다.
- 휴일에는 일하지 않는 것을 원칙으로 삼고 있다.
- 무엇이든 터놓고 이야기할 만한 상대가 있다(가족, 친구, 연인, 직장동료 등).
- 다른 사람에게 이야기할 만한 취미가 있다.
- 적어도 일 주일에 한 번 정도는 사소한 일들을 잊고 즐겁게 지낸다.
- 일 이외에도 시간을 유용하게 쓰고 있다.
- 건강을 해치면서까지 무리하지 않는다.
- 직장과 사적인 인간관계에서 신뢰하는 사람이 각각 3명 정도는 있다.
- 공적인 일의 스트레스가 사생활에 영향을 끼친 적이 없다.
- 실현하고자 하는 목표가 있다.
- 혼자 생각에 잠길 만한 시간이 있다.
- 해야 할 일을 끝내지 못해 후회한 적이 별로 없다(청소, 뒷정리, 쇼핑, 친구와의 약속, 공부 등).
- 일 이외에도 칭찬받을 만큼 잘하는 것이 하나쯤은 있다.

11 명확한 비전(vision)을 갖는다

누구나 처음 회사에 입사했을 때에는 미래의 청사진을 머릿속에 떠올린다. 하지만 어느 정도 시간이 흐르면 바쁜 일상에 쫓겨 숨쉴 틈도 없이 하루하루를 보내게 된다. 지난날의 꿈과 이상은 서서히 과거의 기억 속으로 잊혀지는 것이다.

토대를 구성하는 요소 중 네 번째는 '비전'이다. 지금까지 설명했던 '가치'나 '통합성'이 과거와 현재를 인식하는 요소라면 '비전'은 앞으로 달라질 자신의 모습, 즉 미래의 청사진이다.

인생을 등산에 비유한다면 '비전'은 산의 정상에 해당된다. 비전이 또렷하게 보인다면 그곳에서 도착지점까지 어떤 코스로 갈지 결정하는 일은 그리 어렵지 않다. 어쩌다 예상치 못한 일로 길에서 잠시 벗어났다고 해도 어떻게 궤도를 수정하면 좋을지 쉽게 판단할 수 있다. 더불어 정상을 정복하기 위해 필요한 기술과 경력을 보다 적극적으로 습득하려 노력하게 된다.

이와는 반대로 비전이 보이지 않으면 어디로 가야 할지 갈피를 잡지 못하고 서성이게 될 것이다. 산에 오를 때 필요한 장비도 없이 두꺼운 구름으로 덮힌 정상에 오르는 것과 마찬가지이다.

등산을 즐기는 사람들은 산에 오르기 전에 정상에서 볼 수 있는 멋진 풍경이나 그곳에서만 맛볼 수 있는 신선한 공기를 생각한다. 땀에 흠뻑 젖은 목덜미를 지나는 서늘한 산바람이야말로 정상에 오른 사람들이 누리는 특권인 것이다. '비전'은 바로 사람들이 인생의 정상을 오를 때 필요한 에너지원이 된다.

현재 몸담고 있는 회사에서 승승장구하고 싶은 마음이야 누구나 마찬가지일 것이다. 하지만 구체적인 비전이 없는 상태에서는 어떻게 일해야 할지 막연할 뿐이다.

만일 이때 머릿속에 확실한 비전을 그리고 있다면 장래를 위해 준비해야 할 것, 혹은 배워야 할 일들이 금세 떠오를 것이다. 가까운 예로 회사 안에서 실시하는 아이디어 공모 등을 통해 자신의 주장을 어필하는 방법도 생각해 볼 수 있다.

회사에서 주어진 일을 그저 수동적으로 받아들이기보다는 그것을 자신의 미래에 도움이 될 수 있는 방향으로 생각한다면 일상이 그리 힘들게만 느껴지지는 않을 것이다.

지금은 비전의 시대이다. 굳이 '비전을 가져라', '비전있는 인재가 되자'와 같은 구호를 들먹이지 않더라도 이것은 누구나 공감하는 사실이다. 그러나 그 중에 자신의 비전을 업무에 활용하는 사람은 그리 많지 않은 것 같다.

자신의 비전과 만나기 위한 방법에는 여러 가지가 있다. 앞에서도 말한 바와 같이 입사할 때 그렸던 청사진을 떠올리거나 퇴직하는 날을 그려보는 것도 좋다. 어떤 사무실에서 무슨 옷을 입고 일하고 있을까. 혹은 그때 내 주변에는 어떤 사람들이 있을까. 사무실 창밖에는 무엇이 보일까 등등. 구체적인 이미지야말로 비전을 뚜렷하게 만드는 촉진제이다.

퇴직하는 날, 젊고 유능한 부하직원들에게 둘러싸여 뜨거운 포옹과 악수를 나눈 다음 마이크 앞에 서서 말을 시작한다.

"나의 비즈니스 인생은……."

마치 영화의 한 장면처럼 디테일한 요소까지 떠올려 본다면 자신의 비전은 보다 명확해질 것이다. 시각적인 이미지 이외에도 나의 인생에 걸맞는 노래 한 곡을 생각해 보는 것은 어떨까. 부드럽고 서정적인 발라드, 베토벤의 '운명'처럼 웅장한 교향곡, 쇼팽의 잔잔한 피아노곡…… 지금까지 살아온 인생과 비슷한 느낌의 곡을 고른다면 그 음악이 흐를 때마다 새롭게 각오를 다지게 될 것이다.

여기에 색깔이나 문자, 혹은 역사상 인물과 미래의 비전을 매치시킬 수 있는데, 다양한 소재를 이용함으로써 이미지는 보다 구체적으로 떠오르게 된다.

비전 자체도 중요하지만 이것을 이루기 위해 단계별로 목표를 설정하는 일도 매우 중요하다. 이를 테면 짧게는 1년 후의 비전에서부터 3년, 5년, 10년…… 이와 같은 식으로 기간을 정해놓으면 보다 발전적인 계획을 세울 수 있을 것이다.

평소 전철 안에서 멍하니 앉아 있거나 막 잠자리에 들기 전, 한 번씩이라도 미래의 비전을 떠올린다면 지금의 생활이 그리 지루하고 힘들게만 느껴지지는 않을 것이다.

point 자신의 미래의 모습 = 비전이 명확해지면 행동으로 옮기기 쉽다.

비전을 알기 위한 구체적인 질문

● 퇴직하는 날, 부하직원에게 들려주고 싶은 말은?

● 나의 비즈니스 인생을 한 글자로 표현한다면?

● 음악에 비유한다면?

● 지금까지 살아온 인생은 무슨 색깔이라고 말할 수 있는가?

● 그 색깔에 들어 있는 의미는?

12 스스로 질문하라

행동의 동기가 되는 '가치'나, 토대의 균형을 잡아주는 '통합성', 미래의 방향성을 제시해 주는 '비전', 이 모든 요소는 이미 내 안에 내재되어 있다. 일상생활에 쫓기는 동안 점점 희미해진 것 뿐이다.

내가 어떤 가치관을 가지고 있는지, 통합성은 갖추어져 있는지, 비전은 무엇인지……. 확실한 토대를 만들기 위해서는 내 안을 유심히 들여다볼 필요가 있다. 그 중 가장 효과적인 방법은 스스로 질문하는 습관을 익히는 것이다.

'무슨 일을 하고 있을 때 가장 즐거운가?'

'지금 부족하다고 생각하는 부분은 무엇인가?'

'10년 후 나는 무슨 일을 하고 있을까?'

질문을 거듭하다 보면 내가 처한 상황에 대해 객관적으로 판단할 수 있게 된다. 그리고 모든 질문의 답은 토대를 만드는 데 중요한 자료로 쓰인다.

상황판단이 늦은 사람일수록 환경의 지배를 받기 쉽고 '아무려면 어떠랴'는 심정으로 살아가는 경향이 있다. 그런 사람들은 막연한 질문으로 시간을 낭비하기도 하는데, 예를 들면 '어째서 잘 풀리는 일이 없을까?' 혹은 '지금처럼 살아도 되는 것일까?'와 같은 질문으로 제풀에 지쳐버리기 일쑤이다.

무언가 확실한 해답을 얻기 위해서는 되도록 구체적인 질문이 좋다.

'앞으로 목표가 있다면 무엇인가?'

'5년 후, 그동안 꿈꾸던 일을 하고 있다고 상상해 보자. 기분이 어떨까? 어떤 식으로 일하고 있을까?'

중요한 것은 질문의 답을 찾을 때 비전의 이미지를 확실하게 그릴 수 있어야 한다는 점이다. 따라서 자신이 원하는 결론을 얻으려면 질문하는 방법에 대해 좀더 고민할 필요가 있다.

다음의 예를 참고로 좋은 질문이 무엇인지 살펴보도록 하자.

만일 아무리 머리를 쥐어짜도 질문이 생각나지 않을 때에는 자기를 잘 알고 있는 주변사람에게 도움을 청하는 것도 좋다. 홀로 방안에 틀어박혀 고민하는 것보다 어쩌면 더욱 객관적이고 명쾌한 결론을 얻을 수 있을지도 모른다. 믿을 만한 파트너에게 질문을 읽어주고 답을 유도하다 보면 자신도 모르고 있던 면을 깨닫게 될 것이다.

point 자신에게 질문하는 습관을 들이면 내가 처한 상황을 객관적으로 판단할 수 있게 된다. 따라서 현재 상황을 긍정적인 방향으로 발전시킬 해답을 얻기 쉽다.

좋은 질문의 예

- 무슨 일을 할 때 스스로 '나답다'고 생각하는가?
- '생각하는 힘'과 '느끼는 힘', 지금 나에게 필요한 것은 어느 쪽인가?
- 내가 다른 사람에게 자신있게 가르쳐 줄 수 있는 것은 무엇인가?
- 반대로, 남에게 배워야만 하는 것은 무엇이라고 생각하는가?
- 어렸을 때부터 변하지 않는 성격은 어떤 것인가?
- 가장 많이 변한 것은 어떤 성격인가?
- 나의 성격을 한마디로 말한다면?
- 말할 때 내가 자주 사용하는 단어는 무엇인가?
- 말버릇이 생겼다면 그 이유가 무엇 때문이라고 생각하는가?

13 나를 칭찬하자

 남에게 칭찬을 받으면 누구나 기분이 좋아진다. 칭찬이라는 것 자체가 상대방이 나를 인정했다는 의미이므로 자연스레 자신감이 생긴다. 코칭에서는 칭찬을 '승인'이라고 바꾸어 말하는데, 이것을 계기로 사람은 매사에 적극적인 사고방식을 갖게 된다.

 매사에 당당하게 행동하는 '자기강화'가 이루어지는 것이다.

 그렇다면 최근 들어 칭찬받은 일에 대해 생각해 보자.

 어렸을 때 어른들은 인사를 잘 하거나 집안일을 도우면 '착하다'는 칭찬을 아끼지 않았다. 달리기 경주에서 1등으로 들어온 아이에게는 상과 함께 우뢰와 같은 박수가 쏟아지기 마련이다. 굳이 1등을 차지하지 못했더라도 '최선을 다했으니 그것으로 충분하다'는 격려의 말 정도는 들을 수 있었다. 아이들에게 있어 칭찬의 경험은 매우 소중하다. 칭찬 한마디에 더욱 노력하게 되고 그만큼 성장하게 되는 것이다.

그런데 어른이 되면서 칭찬받는 일은 점차 줄어든다. 회사에서 일을 잘 해도 모두 그것을 당연한 일로 받아들인다. 게다가 결점이 평가의 중심이 되는 조직에서는 개인의 성과나 업적에 대한 상보다는 실패에 대한 징계가 더욱 발달하는 경향이 있다.

누구나 한 번쯤은 성공을 경험한다. 맡은 일을 완벽하게 처리하여 스스로 만족감을 얻었던 기억은 매우 소중한 것이어서 떠올리는 것만으로도 가슴이 설레게 된다. 하지만 결점 위주로 평가하는 사회에서는 그 모든 일이 그저 대수롭지 않은 일로 여겨진다. 성공에 대한 대가가 인색하다 보니 자연히 적극적으로 노력하지 않게 되고, 심한 경우에는 '다른 사람이었다면 더 잘했을지도 모른다'와 같이 회의적인 생각마저 들게 된다.

회사에서 일한 경력이 쌓이면 쌓일수록 그동안 이루지 못했던 일들이 마음속에 남아 있기 마련이다. 특히 반성하기를 즐기는 사람들은 행동으로 옮기지 못하고 사장되어 버린 것에 대해 연연하며 '그래, 그래서 내가 성공하지 못한 거야' 따위의 자기 연민이나 합리화에 빠지기 쉽다.

하루 하루가 바쁜 일상에서 실패한 경험들을 되씹는데 소비된다면 그만큼 자신의 미래는 점점 더 불확실해질 뿐이다. 더 늦기 전에 나의 행동과 내가 처한 환경을 긍정적으로 해석하고 평가하는 자세를 가져야만 할 것이다.

이때 가장 좋은 방법은 역시 '칭찬'이다. 어른들의 사회에서는 원하는 만큼 칭찬받기란 거의 불가능하다. 상황이 그렇다면 내가 나를 칭찬하는 수밖에 없다. 나를 가장 잘 알고 있는 사람은 자신뿐이므로. 단, 무조건 자신의 행동에 너그러워지라는 것은 아니다. '난 무엇이든 잘한다'는 식의 무모한 자세나 자아도취는 결코 스스로에게 도움이 되지 않는다.

아무런 근거도 없이 '내가 최고'라고 생각하기보다는 오늘 어떤 행동이 좋았는지, 혹은 노력했는지 그것에 대해 칭찬하는 것이 바람직하다.

처음 방문한 손님에게 자연스럽게 인사를 건넸다든지, 환하게 웃는 얼굴로 상담에 응했다든지, 상사의 반대에 포기하지 않고 끝까지 설득하여 약속을 얻어냈다든지……. 칭찬받을 일은 얼마든지 있다.

'오늘 프레젠테이션은 성공이었어.'

이 정도면 충분하겠지만 좀더 세부적이고 구체적인 내용을 떠올리는 것은 어떨까.

'사전에 만반의 준비를 하길 잘했어. 다른 때 같았으면 질문이 튀어나올 때마다 안절부절했을 텐데.'

단순히 결과만을 평가하는 것보다 좋았던 점이 뚜렷하게 드러나기 때문에 다음 행동에도 많은 도움이 된다.

열심히 일했다는 생각이 들 때는 주저 없이 스스로에게 칭찬의 말을 들려주자.

성공이라는 대단한 성과물을 얻지 못했지만 실패하지 않기 위해 얼마나 노력하고 있는지 격려하고 북돋는 것이다.

이와 같은 식으로 칭찬을 반복하면 자신도 모르게 긍정적인 사고를 가지게 됨은 물론, 어떤 위기에도 흔들리지 않을 만한 자신감이 우러나올 것이다.

point 구체적인 사실에 대해 칭찬할 것.
반복하다 보면 자연스럽게 자신감이 생긴다.

프레젠테이션을
했던 일에 대해

✗ ● 나는 정말 대단하다.
△ ● 오늘 프레젠테이션은 성공적이었다.
○ ● 철저하게 준비했기 때문에 갑작스러운 질문에도
　　당황하지 않았다. 덕분에 무사히
　　설명을 마칠 수 있었다.

14 작은 일에서 성취감을 얻는다

나를 칭찬하고 싶어질 때는 어떤 경우인가. 그것은 역시 중요한 일을 완수했다든지 스스로 정해둔 목표를 무사히 달성했을 때일 것이다. 무언가 이루어냈다는 '성취감'은 자신감을 갖게 할 뿐만 아니라 견고한 토대로 남게 된다.

누구나 성취감을 얻기 위해 일한다. 문제는 강한 성취감을 얻기 위해서는 성공하기 어려운 목표를 완수하지 않으면 안 된다는 사실이다.

예를 들어 과장이나 부장이 되고자 하는 목표를 세운다고 해도 그것을 이룰 때까지 너무 많은 시간이 필요하다면 처음 결심했을 때의 의욕을 일정하게 유지하기란 거의 불가능하다. 목적의식이 흐려지면서 '뭐, 이대로도 괜찮은데……' 하며 포기하고 말 것이다.

작지만 확실한 성취감을 얻기 위해서는 일단 목표의 수준을 조금 낮추는 것이 좋다. 이것은 나를 칭찬하고 인정할 기회를 늘린다는 의미에서 매우 효과적인 방법이다.

10일 후에 30페이지짜리 보고서를 완성하겠다는 목표를 세웠다고 하자. 30페이지나 되는 분량을 떠올리는 것만으로 어깨에 힘이 빠질 것이다. 잘 해야 한다는 부담감에 자료 준비로 며칠 허비하다 보면 2, 3일을 남겨놓고서야 정신없이 쓰기 시작하는 것이 보통이다.

이에 비해 '하루에 3페이지만 쓰자'는 식으로 계획을 세운다면 조금은 일이 쉽게 느껴진다. 일단 첫날 목표를 달성하고 나면 점점 속도가 붙을 테고, 그 결과 무사히 목표를 달성할 수 있을 것이다.

늘 업무에 쫓기는 영업사원이 자신에게 할당된 목표를 위해 노력한다는 것은 생각보다 매우 힘든 일이다. 그러나 '집에 돌아가기 전에 한 곳만 더 들르자'와 같은 작은 목표를 세우고 그것을 꾸준히 지키는 것은 그리 어렵지 않다. 비록 작은 행동의 변화이지만 결과로 볼 때 엄청난 파급효과를 가져올지도 모르는 일이다.

달성할 수 있을지 여부가 불투명한 목표가 아니라 사소하지만 쉽게 이룰 수 있는 목표로 설정하는 것, 성취감을 얻는 포인트가 바로 여기에 있다.

지금도 그렇지만 앞으로도 사회에서 제몫을 다 하려면 영어는 필수적인 조건이다. 당장 영어를 쓸 기회가 없더라도 누구나 영어 공부에는 욕심을 가지고 있다.

문제는 '영어가 막힘없이 술술 나올 때까지'라는 막연한 목표를 가지고 있으면 현실적으로 행동으로 옮기지 못한다는 사실이다. 그런 사람은 하루라도 빨리 배우고 싶은 욕심에 영어 회화책을 산다거나, 라디오의 영어 회화 강좌를 듣고 학원에도 다녀 보지만 대개 중도에서 포기하게 된다.

이에 반해 작은 목표를 정해 하나씩 이루어 나가면 의외로 오랫동안 공부하는 습관을 유지할 수 있다. 아주 간단한 회화라도 일주일에 한 문장씩 외운다는 목표를 세우고 그것을 일주일, 한 달, 3개월, 6개월…… 이런 식으로 지속시켜 나가다 보면 생활 회화 정도는 무난히 습득할 수 있으리라.

목표가 작은 단위로 나뉘어져 있으므로 중간에 그만둔다고 해도 이전까지 해 놓은 것까지 통째로 날아갈 염려도 적다. 게다가 일단 내 손에 잡히는 일부터 해결한다는 생각으로 시작하므로 부담도 덜하다.

작고 사소한 일에 대한 성취감은 훗날 자신감으로 되돌아오게 된다. 그리고 자신도 모르는 사이에 '영어를 마스터한다'는 커다란 목표 역시 가까운 미래로 성큼 다가와 있을 것이다.

point 거창한 목표를 세우지 말고 지금 당장 행동으로 옮길 수 있는 일을 목표로 정한다면, 보다 쉽게 '성취감'을 얻을 수 있다.

구체적인 예

이것을 이루기 위한 작은 목표를 세운다

- 10분 안에 상품에 대한 설명을 마친다.
  (나머지 시간은 고객의 이야기를 듣는다)
- 3분 안에 다 읽을 수 있는 기획서를 만든다.

- 목차나 색인을 만든다.
- 중요한 포인트를 다섯 가지로 정리한다.
- 문장보다는 그림이나 표를 사용한다.
- 상담 전에는 반드시 다른 사람에게 기획서 검토를 부탁한다.

오늘도 상사의 말 한마디에 무너지셨군요.
이제 노련하게 이기세요.

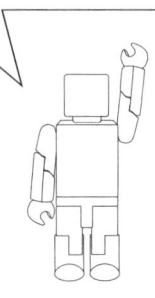

제3장

스스로
생각하고
답을
찾는다

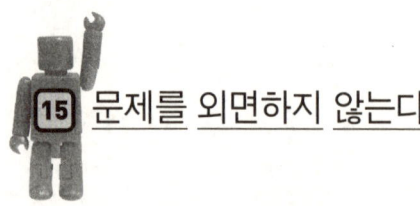
15 문제를 외면하지 않는다

앞서 강조한 바와 같이 사회생활에 있어 능동적인 인재가 되는 첫 걸음은 스스로 생각하고 답을 찾아내는 것이다. 자신의 힘으로 답을 얻어내지 못하면 자발적인 행동 역시 불가능해진다. 수동적인 자세로 일하는 경우, 회사 업무는 단순히 날짜를 채우고 그만큼의 보수를 받는 일 이상의 의미를 갖지 못한다. 회사에 의존하면 할수록 나의 존재가치는 그만큼 낮아지게 되고 결국 미래를 예측할 수 없는 불안정한 상태가 지속될 것이다.

그렇다면 스스로 생각하는 습관을 위해 지금 당장 시작할 수 있는 일은 무엇일까? 가장 손쉬운 방법은 스스로 묻고 대답하는 과정을 반복하면서 그것을 아예 습관으로 삼는 것이다.

너무 간단해서 허무하게 느껴질 수도 있겠으나 지금까지 자신의 모습을 되돌아본다면 어째서 이와 같은 결론에 도달하게 되었는지 쉽게 알 수 있을 것이다. 어떤 일의 결과에 대해 대부분의 사람들은 '성공적이었어' 혹은 '역시 안 되겠군. 할 수 없지' 따위의 감상만으로 평가를 마친다. 생각해 보라. 단 한 번이라도 '왜 실패한 것일까' 라는 물음을 던져보았는가? 그리고 결과에 대해 연구하고 분석해 본 적이 있는가?

세일즈에서 성공을 거두었을 때 왜 그와 같은 결과를 얻게 되었는지, 실패했다면 그 이유는 무엇인지 생각한다. 더불어 '지금 상담한 고객은 어떤 성격인가', '그런 성격을 가진 사람에게 세일즈 방식이 효과적이었던 이유는 무엇인가'에 이르는 세밀한 부분까지 따져 보면 영업 방식의 장, 단점이 확연히 드러나게 된다. 이 단계에서 자신의 강점을 돋보이게 할 방법을 찾는 일은 그리 어렵지 않을 것이다.

여기서 '생각한다'는 말은 '문제의식을 갖는다'는 의미로 해석할 수 있다. 단순히 일에 몰두하는 방법으로는 변화의 계기를 마련하기 어려우므로 무슨 일이든지 문제점을 찾아내려는 태도가 필요하다.

일하면서 문득 '다른 길이 있지 않을까?' 하는 막연한 의문이 떠올랐던 기억이 있을 것이다. 사실 누구나 문제의식은 가지고 있다. 실제로 개별 상담 중에 평소 느끼지 못했던 문제점을 깨닫고 스스로 놀라는 사람도 많다. 대다수의 사람들은 문제의식에 대해 그리 대수롭지 않게 여긴다. 오히려 그것을 무시하거나 모른 척하기 쉽다.

어째서 그런 일이 생기는 것일까. 제1장에서 설명한 것처럼 회사에는 '사원을 부속품으로 만드는 매카니즘'이 존재하고 있기 때문에, 사원들은 상부의 지시 이외의 일은 상관하지 않는 편이 낫다고 생각한다. 어렵사리 깨달은 문제점을 그대로 덮어버리는 것도 그런 이유에서이다.

물론 신입사원 때는 문제의식을 억압하는 일이 적다. 상사와 마찰이 일어나는 것을 감수하고라도 자신의 생각을 이야기하고, 의견이 다르면 즉시 반론을 제기한다. 그러나 몇 년에 걸쳐 '일이나 제대로 해라', 혹은 '나중에 이야기 하자'는 식으로 무시당하다 보면 문제의식은 서서히 흐려지게 된다. 자신도 모르는 사이에 회사의 체제에 젖어버리는 것이다.

그렇다고 해서 문제의식을 억압하는 것이 반드시 나쁘다고 말할 수는 없다. 24시간 내내 눈과 귀를 통해 들어오는 모든 정보에 대해 의문을 품는다면 아마도 몸이 견뎌내지 못할 것이기 때문이다. 사회생활을 하고 있는 이상, 적당한 억압은 필요하다.

다만 문제의식을 지나치게 억압함으로써 심리적으로 위축되는 일은 가능한 한 피해야 한다. 과도한 억압은 업무 자체의 능률을 떨어뜨릴 뿐만 아니라 조직사회를 거부하는 결과로 이어질 수도 있다.

앞으로 펼쳐질 미래사회에서 문제의식을 억압하는 것은 개인과 조직 모두에게 마이너스가 된다. 왜냐하면 신선한 발상과 아이디어는 문제의식에서 비롯되기 때문이다. 직감적으로 떠오른 문제점은 내가 발전하는 계기를 만들어 줄 열쇠나 다름없다. 문제의 해답을 100퍼센트 완벽하게 찾아내지 못한다 할지라도 그것에 대해 생각하고 이유를 찾는 과정을 통해 이미 내 안의 능력은 조금씩 자라나게 될 것이다.

회사의 체제를 바꾸거나 나라의 경제 상황을 개선하는 등의 문제는 그것을 담당하고 있는 사람들에게 맡기면 그만이다. 그저 '어떻게 하면 조금 더 즐거운 마음으로 일할 수 있을까' 하는 단순한 생각으로 해답을 찾는다면 자신의 문제는 어느 정도 해결될 수 있을 것이다. 어쩌면 이와 비슷한 경험이 축척되면서 내가 속한 부서와 조직, 회사, 더 나아가 사회 전체의 비즈니스 환경도 점차 나아지게 될지도 모르는 일이다.

point 문제의식은 새로운 발상과 아이디어의 보고이다. 문제의식을 중심으로 현재 내가 할 수 있는 일을 찾아 해결한다.

생각의 포인트

좋은예

어떤 일의 결과에 대해

어째서 성공을 거둔 것일까?

실패한 이유가 무엇일까?

결과를 세밀하게 연구하고 분석한다.

나쁜예

잘 되서 다행이다.

실패했다.

할 수 없지.

결과에 대한 분석 없이 다른 일을 시작한다.

16 상식에서 벗어나 남과 다른 시점을 갖는다

'조직에 속하게 되면서 사고방식이 변하지 않았는가?'

사회생활을 시작한 사람들에게 가장 먼저 던지는 질문이다. 사물을 보는 시각이나 사고에 있어 유연성이 떨어졌다든지, 사회생활을 통해 얻은 기준에 따라 모든 일을 판단하는 등의 변화를 스스로 감지하는 사람은 과연 몇 명이나 될까? 사실 머릿속으로는 스스로 생각하고 해답을 찾으려 애써 보지만 결국 회사의 방침이나 상사의 지시를 그대로 답습하는 경우가 대부분일 것이다.

회사의 상식, 업계의 통념……. 사회생활에서 이와 같은 단어가 흔히 쓰이는 이유는 두말 할 나위도 없이 문제의식을 억압하는데 매우 편리하기 때문이다.

'상식적으로 생각한다'는 말은 '생각하지 않는다'는 것과 같은 의미이다. 상식에 따라 판단하는 데 무슨 생각이 필요하겠는가. 머리를 쓰는 데 인색할수록 두뇌는 점점 굳어지게 되고, 상식에 의존함으로써 새로운 발상은 아예 불가능해진다. 그야말로 악순환인 것이다.

지금과 같은 불경기에는 새로운 일에 도전하기가 더욱 어렵다. 이미 결론을 알고 있는 일에만 매달리기 때문에 현실을 타개할 만한 신선한 아이디어는 점차 고갈되고 마는 것이다.

그렇다면 상식에 휩쓸리지 않고 자신의 사고방식을 지키는 방법은 없을까. 가장 좋은 방법은 사물을 바라보는 시점에 변화를 주는 것이다. 한 가지 문제를 놓고 각각 다른 시점에서 바라보면 의외의 해답을 얻을 수 있다.

예를 들어 '이런 경우에 사장이라면 어떻게 할까', '신입사원이라면……', '5년 전 자신이라면……', '빌 게이츠라면……' 하는 식으로 다양한 가설을 세워 보면 미처 생각하지 못했던 사실을 깨달을 수 있고, 스스로 깜짝 놀랄 만한 아이디어를 떠올릴 수도 있다. 일단 머릿속에 아이디어가 떠오르면 그것을 현실에서 응용할 방법은 무엇인지, 필요한 자료는 어디에서 얻어야 할지…… 생각의 폭은 점점 넓어질 수밖에 없다.

상식과 통념의 틀에 갇혀 있으면 자신의 능력은 그만큼 제자리에 머물러 있을 수밖에 없다. 생각은 거듭할수록 깊어지는 법, 다양한 시각과 가설은 넓은 시야와 통찰력을 키우는 지름길이 될 것이다.

point 문제가 드러났을 때, 다양한 시점에서 생각하는 습관을 갖는다.

- 5년 전 나라면
- 라이벌이었다면
- 퇴직 후 나였다면
- 빌 게이츠였다면

● 상식에 얽매이지 않는다.
● 상식의 헛점을 찾아본다.

17 자기와의 대화

생각의 범위를 넓히는 방법 중 한 가지로써 심리학에 자주 등장하는 '자기와의 대화'를 소개하고자 한다.

'자기와의 대화'란 내 안에 있는 다른 인격과 대화를 나누는 것을 말한다. 또 한 사람의 자신과 이야기를 나눔으로써 평소 느끼지 못했던 새로운 감각에 눈뜨는 기회가 될 수 있다.

그렇다면 나 이외에 또 다른 인격이란 무엇을 말하는 것일까?

대인관계를 심리학적인 관점에서 분석하는 '교류분석'을 이용하면 쉽게 그 해답을 찾을 수 있다. 교류분석에서는 내면의 구조를 다섯 가지 요소로 나누고 있다. 각각의 요소가 어떻게 균형을 이루고 있는지 파악함으로써 자신의 중심 성향을 파악할 수 있다.

1. 엄격하고 비판적인 아버지
2. 상냥하고 교양있는 어머니

3. 현실적이고 이성적인 어른
4. 자유분방하고 활달한 어린아이
5. 남에게 순종하며 늘 칭찬을 받고 싶어하는 어린아이

　교류분석은 단순히 심리파악뿐만 아니라 세일즈의 기술로써 응용되고 있는데, 우선 내가 1에서 5까지 구성요소 중에서 어느 것을 상대방에게 가장 많이 보여주는지 판단해 본다. 만일 내가 3의 요소 즉, 현실적이고 이성적인 부분을 중심으로 영업을 하는데 상대방 역시 비슷한 모습으로 대응한다면 상담은 일단 성공이라고 말할 수 있다. 이론을 따지는 고객에게는 정확한 정보를 제공하는 것이 가장 효과적이기 때문이다. 만일 그럼에도 불구하고 상담이 제대로 이루어지지 않는다면 논리적인 구성 이딘가에 결함이 있다는 증거이다.

　상대방에 따라 1의 입장(엄격하고 비판적인 아버지)에서 영업하는 것이 유리한 경우도 있다. '최근 유행이니까 구입하라'는 식으로 고객을 가르치는 태도가 고객의 신뢰와 호기심을 사는데 성공하기도 한다. 반대로 상대방이 '무례하다'는 반응을 보인다면 5의 입장(남에게 순종하며 늘 칭찬을 받고 싶어하는 어린아이)에 서서 '고객이 더 잘 알고 있다'며 자세를 낮추는 것이 바람직할 것이다. 이외에도 고객의 취향은 매우 다양하기 때

문에 4의 요소를 부담스러워할 수도, 친근하게 여길 수도 있다. 문제는 고객의 스타일을 빠른 시간 안에 파악하고 그에 맞게 대응하는 능력일 것이다.

교류분석의 예를 자신에게 적용시켜 보는 것도 매우 흥미로운 일이다. 내 안에 있는 부모님의 인격 그리고 어린아이의 인격과 대화를 시도해 보는 것이다. 서로 다른 인격이 한 가지 문제를 놓고 생각하는 셈이므로 전혀 새로운 결과를 얻게 될지도 모르는 일이다. 보다 넓은 시야를 갖는 데 매우 효과적인 방법이라고 할 수 있다.

point 내 안에 존재하는 다양한 인격과 대화함으로써 문제해결의 실마리를 찾을 수 있다.

내면을 구성하는 다섯 가지 요소
1. CP - 엄격하고 비판적인 아버지
2. NP - 상냥하고 교양있는 어머니
3. A - 현실적이고 이성적인 어른
4. FC - 자유분방하고 활달한 어린아이
5. AC - 남에게 순종하며 늘 칭찬을 받고 싶어하는 어린아이

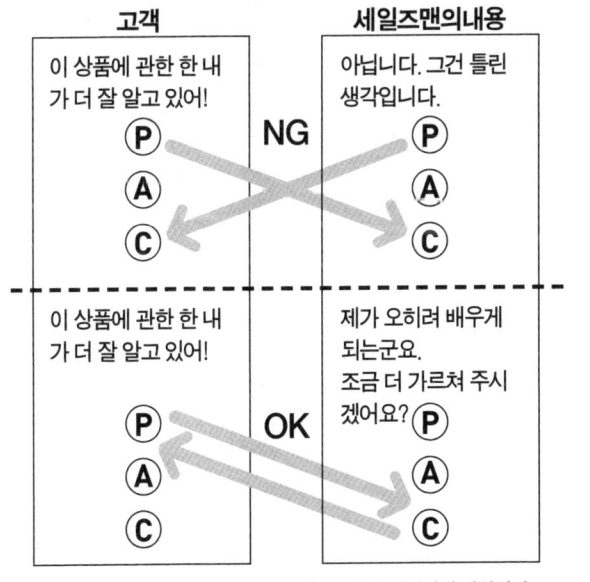

내가 어떤 태도를 취하고 있으며 상대의 반응은 어떠한지 관찰한다.
서로의 반응이 엇갈릴 때, 상담은 이루어지지 않는 경우가 많다.

18 정답은 하나가 아니다

 시점을 달리하여 생각해 보면 자연히 여러 개의 답을 얻을 수 있는데, 그것을 굳이 하나로 압축시킬 필요는 없다. 비즈니스는 수학문제가 아니므로 해답이 하나로 정해져 있지 않다. 시간이나 상황에 따라 정답은 얼마든지 바뀔 수 있는 것이다.
 특히 남성은 문제에 대한 답을 한 가지로 몰아가려는 경향이 있다. 그것을 얻지 못하면 무언가 잘못된 듯한 불안감에 안절부절하게 된다. 물론 명쾌한 결론을 얻고 싶은 마음이야 이해할 수 있지만 무리하게 한 가지 해답으로 제한시키려다 보면 모처럼 떠오른 다양한 발상도 무용지물로 변할 수 있다. 동시에 조금 더 새로운 시각을 갖기 위한 노력 역시 수포로 돌아가게 될 것이다.
 아이디어란 본래 다양함 속에 존재하는 법, 따라서 연쇄적으로 발상이 이어지도록 여유를 갖는 것이 매우 중요하다. 해답은 결코 하나가 아니다. 한 가지 답을 얻었다고 해서 그것에 얽매어 있으면 오히려 언제 떠오를지 모를 아이디어를 막는 꼴이 되며

'스스로 생각한다'는 기본 취지와도 전혀 맞지 않는다.

그렇다고 해서 머릿속에 떠오른 생각들을 그대로 방치하면 필요할 때 꺼내어 활용할 수 없다. 적어도 어떤 사고방식을 통해 얻은 답인지 메모하는 습관을 들인다면 '왜 그런 생각을 하게 되었는지 모르는' 불상사는 생기지 않을 것이다.

무슨 일이든 문제의식을 가지고 접근하는 것은 방대한 데이터 안에서 자료를 찾는 일과 같다. 눈 깜짝할 사이에 아이디어를 잊어버리기도 하고 잠깐 딴 생각을 하는 동안 엉뚱한 방향으로 결론이 나기도 한다. 이때 생각나는 대로 메모한 후 정리하거나 다른 사람과 의논하면 막연히 추상적인 이미지로 떠올릴 때보다 훨씬 더 오랫동안 기억에 남을 것이다.

시간이 흐른 후 메모를 다시 읽다 보면 어느 순간, 자신의 고정관념이나 문제의식의 패턴 등이 눈에 들어오게 된다. 1년 전에 쓴 메모와 거의 같은 내용의 메모를 보고 '이번에는 반드시 이 문제를 해결하고 넘어가야겠다'는 의지를 불태울 수도 있고, 간부급 자리에 오른 후 신입사원일 때의 메모를 읽으면서 부하직원의 생각을 이해하게 될지도 모른다. 지금 이 순간 생각하고 느낀 것 모두가 귀중한 재산이며, 동시에 앞으로 펼쳐질 미래에 든든한 버팀목이 되어 줄 것이다.

스스로 생각하고 얻은 결과를 데이터로 정리해 둔다면 그 재산은 훨씬 효용가치가 높아진다. 여기서 문화인류학자이며 토쿄공업대학 명예교수인 카와요시 타지로(川喜多二郎) 선생이 고안한 정보 정리 방식을 배워보는 것도 도움이 될 것이다. 이 방법은 단체연수 때 자주 사용되는 방법인데, 그의 이름을 따서 'KJ법'이라 불리기도 한다.

우선 떠오른 생각이나 의견, 아이디어, 그 밖에 잡다한 정보 등을 작은 카드 한 장에 하나씩 써 넣는다. 그 카드 중에서 비슷하다고 생각되는 것끼리 나누어 그룹을 만들고 그것을 다시 근 주제별로 분류한다. 이와 같은 과정을 통해 생각 속에 담겨진 테마와 중심 주제가 드러나게 되고, 자신의 문제의식과 사고가 어떤 구조로 이루어져 있는지 알게 된다.

카드를 만드는 것이 귀찮은 사람은 커다란 종이에 떠오른 생각을 모두 적은 다음 화살표로 연결하는 식으로 정리해도 좋다. 방법이야 어떻든지 그것으로 내가 가진 생각과 정보를 활용하면 되는 것이다.

point 나만의 방식으로 해답을 이끌어냄으로써 아이디어를 보다 효율적으로 이용할 수 있다.

19 조건을 바꾸어 생각하라

 업무에 익숙해지면 주어진 조건에서 어느 정도의 성과를 올릴 수 있을지 대충 짐작할 수 있다. 별다른 무리 없이 일을 끝낼 수 있을 만한 시간이나 예산, 인원 등을 예상하여 계획을 세우는 일도 가능해진다.

 정해진 조건이나 재료를 최대한 살려 업무를 수행하는 것은 경력을 가진 사람만이 할 수 있는 일이다. 하지만 여기에는 스스로 생각하는 힘을 잃어버릴 위험이 도사리고 있다.

 앞서 여러 가지 예를 통해 상식에 의존하는 것은 아예 생각을 하지 않는 것과 같다고 설명한 바 있는데 경력도 마찬가지이다. 경력이 쌓이면 쌓일수록 사람들은 별 다른 생각 없이 일을 처리하게 된다. 예측하기 어려운 일은 맡지 않으려고 하다 보면 생각할 기회조차 아예 사라져 버리는 악순환이 반복되는 것이다.

 이 악순환의 고리를 끊고, 스스로 생각하는 습관을 몸에 익히려면 어떻게 해야 할까? 코칭에서 사용하는 방법 중 한 가지는 업무의 조건을 바꾸어 가정하는 'If' 질문이다.

예를 들어 3개월의 기한으로 맡은 프로젝트가 있다면 그것을 한 달 반 만에 끝낼 수 있는 방법이 없을까, 가정해 보는 것이다. 만일 예산이 절반밖에 나오지 않고 인원도 거의 지원되지 않는 상황이라면······.

이처럼 최악의 시나리오를 설정해 보면 최소한 해야 할 일이나 가장 먼저 해결할 문제가 한눈에 들어오기 때문에 업무의 포인트도 쉽게 파악할 수 있다. 이때 운이 좋으면 지금보다 합리적으로 일을 처리할 수 있는 아이디어를 덤으로 얻게 될지도 모른다.

'이 업무는 새로운 소프트웨어를 구입하여 사용하는 게 낫겠다.'

'외부 업체의 도움을 받으면 지금보다 적은 예산으로도 운영할 수 있다.'

'기존의 부서를 넘어 새로운 팀을 구성하는 것이 효율적이다.'

최악의 조건에서 얻어진 아이디어는 업무에 대한 자신감으로 이어지게 되고, 앞으로도 조건에 구애받지 않고 업무에 충실할 수 있는 계기가 될 것이다.

이와는 반대로 기존의 조건보다 배 이상 좋은 쪽으로 설정하면 발상은 조금 더 창조적인 방향으로 가게 된다. 자신의 경쟁력을 높이기 위해서는 어쩌면 나은 조건으로 가정하는 것이 이로울지도 모른다.

하나의 조직, 정해진 업종의 테두리 안에서 아이디어를 짜내려고 하면 자연스레 조직의 상식이나 통념을 따르게 된다. 당연히 남보다 한 걸음 뒤처질 수밖에 없다. 가끔씩은 조직을 지배하는 온갖 제약(예산, 인원, 기한 등)으로부터 벗어나 자유롭게 생각의 범위를 넓히는 것이 좋다.

상품의 구매대상을 정할 때도 평소에 제외되었던 계층을 집중공략해 보는 것이다. 만일 자동차 업계에서 '중년층은 스포츠카를 사지 않는다'는 상식을 깨면 어떻게 될까? 반대로, '젊은 세대에게는 럭셔리카(고급 내외장재를 장착한 고급차종—억주)가 팔리지 않는다'는 상식을 무시한다면 어떤 현상이 벌어질 것인가……. 이와 같은 가정을 통해 얻어질 수 있는 답은 무궁무진하다.

자유로운 발상을 위해 일의 순서나 행동양식에 변화를 주는 것도 나쁘지 않다. 예를 들어 단계별로 상사에게 보고하던 것을 거의 마무리 단계에서 한꺼번에 프레젠테이션한다든가, 치밀한 계획 없이는 절대 행동으로 옮기지 않지만 가끔씩 결과를 생각하지 않고 일을 시작해 보는 것도 색다른 기분일 것이다.

어느 정도 변화에 익숙해지면 상사가 좋아하는 형식이 아닌 엉뚱한 기획서를 만들어 본다든가, 마케팅 계획을 세울 때 자기가 갖고 싶은 것을 중심으로 시장조사를 해 본다. 이쯤 되면 평소 지루하게 느껴졌던 업무가 어느덧 콧노래를 흥얼거릴 만큼 흥미로운 일로 변해 있을 것이다.

상식이나 고정관념에 갇히기 쉬운 뇌를 유연하게 만들기 위해서는 현재와 전혀 다른 상황 설정이 필요하다. 자유로운 발상은 평소 생각하지 못한 부분을 이해하고, 더 나아가 신선한 아이디어를 떠올리게 하는 촉매제이기 때문이다.

point '만일 ~이라면' — 현재 자신의 환경을 바꾸어 가정하는 것으로 업무의 포인트를 확실히 알 수 있다.

IF 질문의 예

- 업계의 통념?
- 행동패턴?
- 자신의 성격?
- 일의 순서?
- 대상 - 중년층을 대상으로 하여 상품을 판다면 어떤 광고 방식이 좋을까?
- 인원 - 만일 10명의 팀원 중에서 5명이 빠져나간다면?
- 예산 - 만일 1500만 원의 현재 예산이 700만 원으로 삭감된다면?
- 기간 - 만일 정해진 3개월의 기간이 반으로 줄어든다면?

20 조절 가능한 답을 이끌어 낸다

　모처럼 스스로 얻은 답이라 할지라도 행동으로 옮기지 않으면 별 의미가 없다. 일단 움직여 보고 결과가 좋지 않으면 그만두어도 된다. 무리하게 밀어 부치는 것보다는 그 편이 현명할 것이다.

　행동으로 옮기는 과정에서 새로운 생각이 떠오르기도 하지만 미리 겁을 내고 머물러 있으면 아이디어는커녕 생각할 의욕마저 잃게 된다. '스스로 생각하고, 해답을 얻고, 행동하는' 삼박자의 조화가 매우 중요하다.

　생각 끝에 얻은 해답이 자신의 능력으로는 무리라고 생각될 때도 있겠지만, 그대로 포기해선 안 된다. 왜 그것이 불가능한지, 다른 조건이 갖추어지면 실현 가능한 일인지 고려해 보아야 한다. 그 다음에는 추가해야 할 요소를 갖추기 위해 준비할 것을 생각하고, 그 중에서 지금 당장 내 힘으로 할 수 있는 일을 찾는 것이다.

소수이긴 하지만 이 과정에서 행동으로 연결되지 않는 답만을 생각해내는 사람도 있다. 이를 테면 영업에 실패한 원인에 대해 생각하면서 자신에게 재능이 없다고 자책한다든가, 단순히 운이 없다고 여긴다든가, 아니면 아예 상품의 결함 탓으로 돌리는 것이다.

모든 일의 원인을 자신의 기준으로 판단하는 것을 심리학 용어로 '내적귀속'(內的歸屬)이라고 한다. 영업에 실패한 이유를 내가 가진 능력이 부족하기 때문이라고 여기는 것이 바로 내적귀속의 예이다. 반대로 상품이나 상대방, 주변상황 탓으로 돌리는 것은 '외적귀속'(外的歸屬)이라고 한다. 토대가 견고하지 않은 사람의 경우 성공했을 때는 외적귀속을, 실패했을 때는 내적귀속을 중심으로 원인을 찾는 경향이 있다.

세일즈가 원만하게 진행되면 '상품이 우수하니까' 혹은 '운이 좋아서'라고 생각하고, 상담이 제대로 이루어지지 않으면 '역시 나는 능력이 없다'며 한숨을 내쉰다.

이런 식으로라면 모처럼 다져 놓은 토대도 뿌리째 흔들릴 수밖에 없다. '겸양의 미덕'이 점차 사라져가는 시대라고는 하지만 본래 사람들은 대부분 성공을 다른 사람의 공으로 돌리고 실패는 자신의 탓으로 감수하는 경향이 강하다. 정신건강으로는 그러한 태도가 도움이 될지 모르지만 실패를 내적귀속으로 평가하는 것은 자신감의 상실로 이어진다는 데 더 큰 문제가 있다. 실제 임상 결과에서도 실패의 원인을 내 탓으로 돌리는 사람에게 우울증이 나타나기 쉽다는 보고도 있었다.

성공한 것은 전부 내 덕분이라고 으스대라는 말이 아니다. 단지 오랜 노력 끝에 얻은 성공을 외부적인 요인에 귀속시키거나 실패를 필요 이상 자책하지 말라는 의미이다. 가장 중요한 포인트는 성공과 실패 모두 외적요인과 내적요인을 냉정하게 분석하고 어느 한 쪽으로 치우치지 않도록 균형을 유지하는 것이다.

그런데 같은 내적귀속이라도 '나에게는 영업능력이 없어서'와 '상담하는 기술이 미숙하기 때문에'는 전혀 다르다. 전자와 같은 답을 얻어내는 사람은 그 상태로 멈추지만 후자의 답을 이끌어 낸 사람은 '이제부터 화술에 대한 공부를 더 해야겠다'는 식의 구체적인 행동이 뒤따르게 된다.

현실적인 면에서 본다면 원인이 어디에 속하느냐를 따지기보다는 그것이 자신의 능력으로 조절 가능한지 가능성을 평가하는 것이 더 중요하다. 예를 들어 '왜 나는 영어를 못할까'라는 질문에 대해 '한국에서 태어났기 때문에'라는 대답은 내 힘으로 어쩔 수 없는 일이므로 조절 자체가 불가능하다. 반면, '제대로 공부한 적이 없기 때문에'라는 대답은 공부를 시작함으로써 해결할 수 있다.

조절할 수 없는 원인은 이유가 어디에 귀속되느냐와 상관없이 아무런 변화도 가져오지 못한다. 특히 비현실적인 해답은 스스로 좌절감만 불러올 뿐 적극적인 행동으로 연결될 수 없다. 내가 컨트롤할 수 있는 답, 무엇보다 그런 해답을 이끌어 내는 습관이 절실하다. 자신의 기획안이 통과되지 않은 이유에 대해 '보수적인 상사 때문에'라는 답을 얻었다면 그런 상사의 마음에 드는 기획안은 어떤 것일지 생각을 발전시킨다.

한 단계에 머무르지 않고 구체적인 행동으로 이어질 때까지 생각을 이어가는 습관, 이것은 발상을 실현하는 첫 걸음이 된다.

point 스스로 컨트롤할 수 있을 때까지 생각하는 습관은 다음 행동으로 연결되어 새로운 결과를 낳는다.

왜 상품이 팔리지 않았는가?

이 문제에 대해 생각했을 때

조절 가능		조절 불가능
상대방이 상품의 장점을 인식하지 못했기 때문에	외적귀속	불경기라서 상품의 질이 좋지 않기 때문에
영업기술이 미숙해서	내적귀속	타고난 재능이 없어서 원래 운이 없기 때문에

21 오감(五感)을 최대한 활용한다

　가능한 한 감정을 억누르고 드러내지 않는 것이 성숙한 사회인의 모습이라고 생각하는 사람들이 많다. 미국에서 호평을 얻는 비즈니스 관련서적에도 이와 비슷한 내용이 많지만 감정표현을 자제하는 나라에서는 그 이미지가 더욱 강한 듯하다.

　감정의 기복 없이 늘 같은 표정과 말투를 유지하는 사람은 직장에서 흔히 만날 수 있는 유형이기도 하다. 비즈니스 세계에서는 감정을 겉으로 드러내서는 안 된다. 심리학자의 시각에서 볼 때, 그것은 사람들이 만들어 놓은 환상에 불과하다.

　감정에 따라 뇌의 각 부분은 자극을 받게 되는데, 특히 웃을 때 뇌에서는 '베타(β)엔돌핀'이라는 쾌감 호르몬이 분비된다 (알려진 바와 같이 이 호르몬에는 스트레스를 감소시키는 효과가 있다. 또한 웃음으로써 부교감신경이 활성화되기도 하고, 정신적으로 안정감을 갖거나 집중하는데 도움을 주는 알파(α)파가 증가한다고 한다).

심리학에서도 웃음은 테라피(Theraphy)의 한 분야이다. 실제로 외국에서는 웃음으로 질병을 치료하는 전문가가 등장하기도 하였다. 감정은 뇌를 활성화시켜서 자연스러운 감정을 억압하면 당연히 뇌의 움직임은 둔해진다. 뇌의 이성적인 부분만을 사용하기 때문에 사고의 유연성도 점차 떨어지게 된다. 누구나 알고 있는 뻔한 해답만을 내놓는 것이 바로 이런 경우이다.

지나치게 감정기복이 심하지 않는 한, 감정의 표현은 비즈니스에 좋은 영향을 준다. 자신의 감정에 정직하면 되는 것이다. 가끔은 이성이 아닌 직감을 믿어야 할 때도 있다. 논리적으로 얻어진 결론에 따라 행동하려고 했지만 어딘가 개운하지 않아서 결국 느낌대로 행동했던 경험, 누구나 한 번쯤 경험해 보았을 것이다.

비즈니스 세계에서는 논리적이고 이성적인 판단과 반대되는 이미지, 즉, '직감'이라든가 '느낌' 등은 철저하게 배제되는 경향이 있다. 물론 직감이 생긴 이유는 확실하게 규명되지 않았다. 그러나 그것이 어느 정도 신빙성을 갖고 있다는 내용의 보고서는 이미 여러 번 발표된 바 있다.

〈 '직감'(直感)이란 막대한 양의 정보가 뇌뿐만 아니라 오감 전체를 통과하면서 내려진 결과이다. 그럼에도 그것이 비합리적이

라는 이미지를 갖고 있는 이유는 정보처리 속도가 지나치게 빠르기 때문이다.〉

직감만을 의지하는 것은 어쩌면 위험한 일인지도 모른다. 그렇다고 해서 직감을 가볍게 여겨서도 안 된다. 우리가 느끼지 못하는 사이에 우리 몸은 두뇌와 감각을 이용하여 변화를 받아들이고 있기 때문이다.

인간은 오감을 통해 외부로부터 정보를 받아들인다. 신경언어 프로그래밍(NLP) 분야에서는 중점적으로 받아들이는 정보의 종류에 따라 인간을 시각과 청각, 전신감각타입의 세 종류로 분류하고 있다.

시각타입이란 머릿속에 영상을 떠올리면서 사물을 판단하는 사람을 말한다. 시각타입의 가장 큰 특징은 말하는 속도가 빠르다는 점이다. 쉴 새 없이 떠오르는 영상을 언어로 바꾸어야 하기 때문에 자연히 말이 빨라지는 것이다. 생각에 잠겨 있을 때 눈높이보다 조금 높은 곳에 시선을 두는 것도 이 타입의 특징이다. 실험해 보면 알겠지만, 사실 생각할 때 눈동자가 위를 향하는 것은 매우 자연스러운 일이다.

귀로부터 전해지는 소리와 말을 정보원으로 사용하는 사람은 청각타입이라 할 수 있다. 전신감각타입은 기분의 좋고 나쁨, 피부의 감촉에 의지한다.

그중에서 나는 과연 어떤 타입일까? 다른 사람보다 발달했다고 생각하는 감각이 있다면 그것이 나의 감각 타입을 결정하는 기준이 될 것이다. 시각타입의 경우에는 시각적인 정보를 이용하여 해답을 찾는 것이 현명할 것이다. 무슨 일이든지 구체적인 영상을 떠올린다면 보다 확실한 판단을 내릴 수 있으리라.

평소 까다롭기로 소문난 상사에게 기획서를 올려야 하는데 도저히 아이디어가 떠오르지 않는다면 그를 설득하고 있는 장면을 떠올려 보자. 무작정 자료를 수집하는 것보다 훨씬 효과적일 것이다. 계속해서 스토리를 이어가다 보면 생각지도 못한 아이디어와 만나게 될지도 모른다.

자신이 청각타입이라면 앞서 설명한 '자기와의 대화'를 적극적으로 활용하고, 전신감각타입이라면 여러 개의 해답 중에서 가장 마음에 끌리는 것을 선택하면 된다. 이 때 중요한 것은 직감적인 판단을 신뢰하는 태도이다. 반대로 자신의 타입과 전혀 다른 방향으로 감각을 이용할 수도 있다. 전신감각타입이라면 평소와 달리 머릿속에 영상을 떠올려 보는 것이다. 서로 다른 감각을 적절히 조화시키는 것 역시 발상의 범위를 넓히는 데 매우 효과적인 방법이다.

이제 모든 감각을 총동원하여 '아이디어 뱅크'에 도전하자.

point 비즈니스 세계에서 무시당하기 쉬운 오감(五感).
자신의 오감을 믿어 보자. 새로운 발상과 만나는 기회가 될 것이다.

내 타입을 가려내는 방법

	동작/특징	즐겨 쓰는 단어
시각타입	●무슨 일이든지 남들 눈에 어떻게 보일지 관심을 갖는다. ●생각하고 말하는 속도가 빠르다. ●말할 때 눈동자가 약간 위로 향하며 손동작이 크다. ●군더더기 없는 단정한 옷차림을 선호하며 외모에 신경쓴다. ●서거나 앉는 자세가 곧은 것이 특징이다.	분석하다/다시 한 번/면/보이지 않는다/밝다/빛나다/확실하다/컬러풀하다/눈에 띄다/그리다/조사하다/초점을 맞추다/앞을 내다보다/어렴풋이/바라보다/쳐다보다/훑어보다/감추다/조명/환상/상상하다/확인하다/빛/멋지게 보이다/마음 속의 영상/마음의 눈/선명하다/관찰하다/경치/감시하다/알아채다/엿보다/지각/시야/그림
청각타입	●대화를 즐기고 표정이 풍부하다. ●소음에 민감하다. ●목소리가 부드럽고 리드미컬하다. ●이야기할 때 눈동자가 좌우로 움직이고 시각타입보다 동작이 작다. ●스스로 멋쟁이라고 생각한다. 자신의 옷차림에 대해 이야기하는 것을 즐긴다.	알리다/발음하다/수다쟁이/전화하다/울리다/깨다/찰칵/말하다/잘 들리지 않는다/의논하다/비밀로 하다/정보다/귀에 들어오다/소문/들리다/감춰진 메시지/쓸데 없는 이야기/부탁하다/듣다/큰 목소리/말투/언급하다/시끄럽다/뼈있는 말/질문하다/조용하다/쉰 목소리/설명하다/보고하다/울리다/반영하다/소리지르다/중얼거리다/신음하다/분위기를 맞추다
전신감각타입	●전체적으로 안정되고 말이 느리다. ●정적인 것을 좋아한다. ●목소리가 낮고 말투나 동작도 부드럽다. ●말할 때 느낌을 확인하기 위해 시선을 아래로 향한다. ●말하는 속도가 느린 것은 감각을 표현하는데 시간이 걸리기 때문이다. ●통통한 체형이 많다.	참는다/안달하다/의미를 알다/차갑다/파악하다/구체적인/잇다/파다/감적적인/찾는다/확실한/흐름에 몸을 맡기다/느끼다/다루다/굳다/뜨겁다/잡다/예감/상처주다/직관/활기찬/연락을 취하다/움직임/어수선하다/멈추다/두통/압력/느끼기 쉽다/구성하다/긴장감/불안정한/따뜻하다/긴장/늘이다

셀프코칭 113

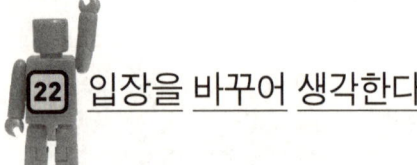
22 입장을 바꾸어 생각한다

고객의 불만, 상사의 결정이나 조언, 친구의 어드바이스……. 나는 과연 주변사람들의 반응을 솔직하게 받아들이고 있는가.

다른 사람의 의견을 무조건 부정하면 생각은 거기에서 멈추고 만다. 그것이 탐탁치 않더라도 일단 수용하는 습관을 들이자. 거짓말이라도 상관없으므로 '과연……', '그렇군요' 라고 맞장구를 쳐 주면 순간적으로 그것이 '조금은 납득할 수 있는 부분이 있지 않을까' 하는 기분으로 바뀌게 될 것이다.

나와 다른 의견을 무작정 외면하지 않고 그것이 옳을지도 모른다는 가정을 세우면 생각은 훨씬 더 활발해 진다. 상사에게 제출한 기획서가 받아들여지지 않은 경우, '만일 그것이 채택되지 않는 것이 일의 진행에 도움이 된다면' 하고 가정해 보자. 그 생각만으로 몇 가지 이유가 떠오르게 될 것이다. 결국 내가 만든 기획안에 무언가 부족한 점이 있었는지 되돌아보게 된다.

기획서가 채택되지 않았을 때 '무식한 상사 때문에 소중한 아이디어만 사라지게 되었군' 하며 불만을 토로해 보았자 달라지는 것은 아무것도 없다.

내가 상사였다고 해도 마음에 들지 않는 기획안은 분명 되돌려 보냈을 것이다. 그러나 부하의 의견이 옳았다면 어떻게 될까? 서로 상충되는 상황인듯 보이지만 이 과정에서 미처 깨닫지 못한 사실에 눈을 뜨는 경우도 있다.

서로의 의견을 존중하는 상사와 부하 관계에서는 이와 같은 효과는 배가될 것이다. 상대방의 의견을 받아들일 때 그 사람이 했던 말투 그대로 되풀이해 보면 그 기분을 어느 정도 이해할 수 있는 법이다. 심리학에서는 이것을 '역할연기' 라고 한다. 역할연기는 문제를 안고 있는 당사자가 그와 대립되는 관계에 놓인 사람을 이해하도록 만드는 데 자주 쓰인다. 특히, 비행청소년을 교육할 때 아이에게 자신의 아버지 역할을 시킨 다음 평소에 자주 듣던 말을 자기 입으로 말하게 하면 아버지의 입장을 점차 이해하게 된다. 역할연기처럼 굳이 입밖에 내지 않더라도 상사가 했던 말을 머릿속에서 반복해 보면 그것만으로도 상사의 기분을 충분히 느낄 수 있을 것이다.

고객의 불만도 마찬가지이다. 상대방이 '지금처럼 바쁠 때는 오지 말아 주세요' 라고 말했다면 그 말을 몇 번이고 되새겨본다. 일단 그 사람의 기분을 이해하게 되었다면 이후로는 어떤 방법으로 영업해야 하는지 힌트를 얻을 수 있을 것이다.

이 밖에도 같은 영업부 동료끼리 골치 아픈 고객의 역할을 교대로 연기해 보는 것도 좋은 방법이다. 그동안 무심코 지나쳤던 실수를 발견하고 해결책을 찾는 데 많은 도움이 될 것이다.

'이번 신제품은 어떻게 파는 것이 좋을까?'

영업부서에서 자주 부딪히는 문제이다. 이런 경우 무작정 영업사원의 능력에 맡겨 두지 말고 그들의 입장이 되어 생각하고 이해하려 노력하는 태도가 필요하다. 영업현장에서 떠오르는 발상은 그 누구도 예측할 수 없지만 한 번이라도 그들의 입장에 서는 것만으로도 신선한 자극이 될 것이다. 반대로 영업사원이 기획이나 개발담당자의 기분을 이해하게 된다면 일반적인 영업스타일과는 조금 다른 방식으로 어필할 수 있을지도 모른다. 상대의 의견을 받아들이고 그 기분을 곱씹어 생각한다. 이것이야말로 시점을 넓히는 최고의 방법이다.

point : 자신과 다른 의견을 경원시하지 않고 몇 번이고 되새겨 생각한다. 그 결과 새로운 시각이 열릴 것이다.

23 생각을 말로 표현한다

사람들은 곧잘 '여자들은 쓸데없는 말을 많이 한다'고 한다. 남성의 입장에서 보면 이야기에 두서가 없는 데다 갑자기 화제가 바뀌는 것처럼 들릴 수도 있으며 어떤 경우에는 뚜렷한 결론조차 없다.

심리학적 관점에서 볼 때, 이것은 지극히 당연한 결과이다. 왜냐하면 여성은 이야기를 통해 생각을 정리하는 습성이 있기 때문이다. 생각을 내뱉기도 하고 상대의 반응을 살피기도 하면서 점차 탄탄한 사고의 줄기를 만들어 가는 것이다. 혼자 골머리를 앓는 것보다 훨씬 방대한 양의 정보를 주고받을 수 있다는 점에서 매우 효과적인 방법이 아닐 수 없다.

반면 남성은 머릿속에서 이미 결론을 내린 후 입으로 말하는 경향이 있다. 이미 결론이 주어진 상태이기 때문에 상대의 반론이나 반응은 별다른 영향을 끼치지 못한다. 생각이 정리되지 않는 한 입을 굳게 다무는 것은 남성의 나쁜 버릇이다. 다소 부족한 점이 있더라도 일단 말로 표현하는 습관을 들인다면 그 생각이 강하게 인식될 뿐만 아니라 새로운 느낌을 가질 수도 있을 것이다. 또한 자신의 의견을 객관적인 시각에서 바라보고 보다 발전적인 방향으로 수정하는 계기가 된다.

남성이 가지고 있는 또 한 가지 나쁜 버릇은 솔직하게 다른 사람의 조언을 구하지 않는다는 것이다. 말하자면 자신이 만든 기획안이 통과했을 때에는 가슴을 펴고 으스대지만 정작 그것이 중도하차했을 때에는 다른 사람에게 '내 기획안이 이디가 문제일까?' 하고 정직하게 묻지 못한다. 좌절의 상처를 안은 채 회사의 무심함을 탓할 뿐이다.

조언을 구하는 과정에서 나의 속사정이 드러나는 것을 두려워하기 때문일까? 아니면 약한 모습을 보이기 싫어서일까? 이와 같은 성격은 자존심이 강한 남성일수록 강하게 나타난다. 다른 사람에게 의지하거나 무언가를 배우기에는 자존심이 허락하지 않는 것이다.

정리되지 않는 생각은 절대 표현하지 않으며 비논리적인 의견은 냉철한 비즈니스맨이 아니라는 선입견……. 이처럼 지나치게 완고한 태도는 정말로 필요한 해답을 얻는 데 방해만 될 뿐이다.

지금부터라도 조금은 소박하고 정직하게, 스스로 말문을 열어보는 것은 어떨까? 다른 사람의 의견을 수용하고 끊임없이 자신과 대화하는 동안 발상은 더욱 풍부해질 것이다. 더불어 상사나 직장동료, 친구가 나에게 도움을 청한다면 기분 좋게 받아들여야 한다. 이것은 자신을 신뢰하고 있다는 증거인 동시에 새로운 시각을 가질 절호의 기회이기 때문이다.

point 생각이 정리되지 않아도 일단 말로 표현한다. 상사나 동료, 친구에게도 솔직하게 조언을 구한다.

제4장

변화의 중심에 선다

24 생각에서 행동으로

비즈니스 서적 코너에 가 보면 상사가 부하를 다루는 방법에 대한 책을 쉽게 찾을 수 있다. 사실, 지금까지 나왔던 코칭 관련 서적도 거의 같은 내용이었다.

그것은 부하직원의 마음을 사로잡기가 그만큼 어렵다는 증거이기도 하다. 경력보다 정보를 다루는 기술이 우선시되는 상황에서 부하직원을 제대로 관리하지 못한 상사는 무능력하게 비춰질 수밖에 없다. 구조조정의 대상을 정하는 조건 가운데 '관리능력의 부재(不在)'가 들어 있는 것만 보아도 그것이 얼마나 중요시되고 있는지 실감할 수 있다.

그러나 조직 안에 지위가 존재하는 이상, 상사가 부하직원을 부리는 것은 당연한 일이다. 업무적인 명령이므로 부하는 상사의 말에 따를 수밖에 없는 것이다. 현실적인 문제는 명령에 복종하지 않고 오히려 부하가 상사를 설득하는 데서 발생한다.

제4장에서는 이처럼 동료나 상사를 비롯한 주변 사람들을 변

화시키기 위한 생각과 방법에 대해 살펴보고자 한다.

그 전제가 되는 것은 제3장에서 설명한 바와 같이 스스로 생각하고 해답을 이끌어 내려는 태도이다. 결론에 도달하지 못했다면 자발적인 행동 자체가 어려워지고, 의지가 있다고 할지라도 그 의지가 확고하지 않으면 주변을 움직일 수 없다.

변화에 있어 무엇보다 중요한 것은 스스로 찾은 대답을 전달하는 능력이다. 자신의 생각을 행동으로 옮긴다고 하더라도 주변의 상호작용이 없다면 이기적으로 비쳐질 수밖에 없다. 주위 사람들의 반발로 인해 모처럼의 시도가 물거품으로 변해버릴지도 모른다.

회사나 부서에서 나의 아이디어를 받아들이게 하려면 어떻게 해야 할까? 능력있는 인재라면 신선한 아이디어뿐만 아니라 그것을 실현시킬 수 있는 구체적인 방안까지 생각해야 한다.

신선한 아이디어가 떠오른 순간, '말해 봤자 소용없을 거야' 혹은 '그 상사는 완고한 사람이니까' 따위의 이유를 들어 지레 포기하는 사람이 많다. 실제로 그것은 실현 불가능했을지도 모른다. 사실 비즈니스 세계에서는 특별할 것도 없는 일이다. 단지 최선을 다하고 나서 '실패했다'는 결론에 다다른 것이 아니라 그저 시도하기도 전에 실패할 것을 두려워하는 태도가 문제라는 것이다. 아이디어의 약 80퍼센트 정도가 이처럼 일어나지도 않은 일에 대한 걱정 때문에 좌절되곤 한다.

요즘 젊은 사람들의 행동을 분석하면 자아도취와 열등의식의 상반된 이미지로 설명할 수 있다. 마음만 먹으면 무엇이든 이룰 수 있다는 자신감에 차 있으면서도 한편으로는 회사나 상사처럼 자신보다 커 보이는 존재 앞에서는 매우 위축되는 경향이 있다. 위기를 넘기기 위해 노력도 해 보지 않고 미리 실패를 떠올리는 것이다.

이미 커질 대로 커져버린 자신감에 상처받고 싶지 않은 것일까. 그보다는 상처를 두려워한 나머지 열등의식을 자극하는 상대와 부딪치기를 꺼린다고 해석하는 편이 옳다.

아무런 노력을 하지 않음으로써 열등의식을 숨길 수 있고 '할 수는 있지만 가능성이 별로 없는 일'이라고 둘러대면 적어도 화려하게 포장되어 있는 자기 이미지를 보존할 수 있으리라 생각하는 것이다.

사실 이와 같은 심리는 젊은 세대뿐만 아니라 사회경험을 가진 세대에도 널리 퍼져 있다. 하지만 자아도취와 열등의식 역시 스스로 만들어낸 환상에 지나지 않는다. 그것이 사실로 판명되기 위해서는 직접 행동으로 옮기지 않으면 안 된다.

3장에서 상식에 의존하지 않는 발상을 하도록 권한 바 있다. 새로운 사고방식으로 아이디어를 떠올리는 데 성공했다고 해도 그것을 행동으로 실천하지 못하면 아무 의미가 없다. '회사 분위기가……', '내가 무슨……', '완고한 상사 때문에……' 따위의 이유를 들어 포기한다면 지금까지의 노력이 무슨 소용이 있겠는가.

자신이 만들어 놓은 회사와 상사, 나에 대한 이미지에 스스로 묶여 있지는 않은지 다시 한 번 생각해 보아야 한다. 포기는 행동한 뒤에 해도 늦지 않다. 내가 먼저 움직이지 않으면 결코 주변 환경을 변화시킬 수 없다는 사실을 잊어서는 안 된다.

point 실패할지도 모른다는 부담감 때문에 아예 행동으로 옮기지 못하는 것은 아닌지……. 내가 먼저 움직여야 주변 환경도 변한다.

주변 환경을 바꾸는 원동력

- <u>스스로</u> 생각하고 해답을 찾아낸다.
- 분위기를 이끈다.
- 포기하지 않는다.

25 긍정적인 효과와 위험성을 파악한다

결론도 없이 시간만 질질 끄는 회의시간. 이제부터라도 한 사람씩 3~5분 간 의제를 발표하고 그 후 의견을 교환하면서 1시간 안에 회의를 끝낸다면 얼마나 좋을까?

지금 당장이라도 건의하고 싶지만 어쩐지 결과가 좋지 않을 것 같고, 만일 회의에 참석한 사람들 모두가 받아들이지 않는다면……. 이런 저런 걱정이 머릿속에 떠오른다. 동료에게 비웃음을 살 것도 은근히 걱정되고…….

인간은 새로운 일에 두려움을 갖기 마련이다. 괜히 먼저 나섰다가 부정적인 결과만 얻는다면 나만 손해 아닌가.

부정적인 생각 속에는 두려워하는 자신을 억압하려는 의식이 숨겨져 있다. 대신 외부적인 환경에서 그 원인을 찾으려고 한다. 이를 테면 까다로운 상사나 부하, 불경기, 시간적인 여유 등을 앞세워 자기를 정당화시키는 것이다.

나의 행동을 합리화시키는 것은 정신건강을 위해 어느 정도

셀프코칭 127

필요하다. 그러나 앞서 여러 차례 강조했듯이 무조건 모든 일의 원인을 외부적인 것에서 찾는다면 아무것도 달라지지 않는다. '나에게는 불황을 견뎌낼 힘이 있다'는 식의 적극적인 사고 없이는 결코 행동이 나올 수 없다.

어째서 내가 먼저 나서야 하는가. 그것을 깨닫기 위해서는 우선 행동의 가치와 위험성을 적절히 조화시켜야 한다.

회의를 1시간 내에 끝내는 일을 제안하고자 했을 때, 그 장단점에 대해 정확하게 파악하는 일이 중요하다. 쉬운 예로 사람들의 반대에 부딪힐지도 모른다는 위험성에 대해 논리적으로 생각해 보자. 회의시간을 단축시켜야 한다는 제안을 했다고 해서 모든 직장동료가 반대의견을 가지고 있지는 않을 것이다. 실제로 한두 사람만이 긴 회의시간을 원할지도 모르는 일이다.

그렇다면 그 사람들이 반대함으로써 일어날 수 있는 부정적인 결과는 무엇인가? 과연 그것은 회의시간을 단축시켜 업무의 효율을 높인다는 장점을 포기할 만큼 위력적인가. 이처럼 이론적으로 생각을 정리하다 보면 내가 걱정하고 있던 문제가 그리 현실적이지 않다는 사실을 깨달을 수 있다.

'과장에게 제안한다, 버릇없는 사원으로 낙인찍힌다, 출세에 부정적인 영향을 끼친다, 구조조정의 대상이 된다.'

이처럼 비합리적이고 극단적인 시나리오는 결국 자신의 활동

범위를 제한하는 결과를 가져올 뿐이다.

동료들에게 미움을 받는 것을 지나치게 두려워한다면 스스로 '내가 모든 사람들과 좋은 관계를 유지해야만 한다'는 생각에 사로잡혀 있지는 않은지 자문해 보아야 한다.

과연 나는 내 앞에 앉아 있는 사람들 모두에게 호감을 갖고 있는가? 그렇지 않을 것이다. 내가 상대방을 전부 수용할 수 없다면 그들 역시 마찬가지일 것이다. 따라서 나의 제안으로 인해 인간관계가 무너질 것을 필요 이상 걱정할 필요는 없다.

단순한 예이긴 하지만 각자의 상황에 맞추어 행동함으로써 자신의 성격으로 인해 상처받지 않았는지, 문제의 위험성은 어느 정도인지 써 보는 것도 많은 도움이 된다. 만일 글로 쓰는 일에 부담을 느낀다면 그만큼 막연한 불안감일 확률이 높다.

상처받은 원인은 무엇인가, 자신이 진정 두려워하는 것은 무엇인가, 반복하여 메모를 읽는 동안 막연하게 품고 있었던 공포가 얼마나 비현실적인 것인지 스스로 깨닫게 될 것이다.

point 비현실적인 공포에 휩싸여 있지는 않은지 구체적인 사실만을 확인한다면 보다 합리적인 결정을 내릴 수 있다.

구체적으로, 내가 하고자 하는 것이 무엇인지 떠올려 보자.

긍정적인 효과

부정적인 효과

직접 메모해 보자.

26 상하관계에 너무 연연하지 말자

코칭에 대한 강연을 하다 보면 간혹 이런 질문을 받곤 한다.

'부하직원들과 좀 더 유대를 돈독히 하고 싶은데, 방법이 없을까요?'

'부하직원들이 무슨 생각을 하는지 궁금합니다.'

내게 직접 찾아와 속내를 털어놓은 것으로 미루어 평소 자주 부딪혔던 문제였음이 분명했다. 그때마다 나는 그들에게 이렇게 이야기한다.

"여러분은 상사와 부하를 상하, 혹은 수직관계라고 생각하고 있지는 않습니까? 코칭에 있어 상사와 부하의 관계는 전혀 다릅니다. 이들은 둘 다 평등한 수평관계에 있습니다. 서로 맡은 역할이 다를 뿐이지요."

조직인 이상, 지위의 높고 낮음은 존재할 수밖에 없다. 오랜 경험을 가진 상사에게 부하는 존경심을 가져야만 할 것이다. 그러나 여기서 말하는 상하는 지위의 서열일 뿐, 능력의 우열을 의미하지 않는다.

생산자중심의 사회에서는 조직의 책임자가 모든 해답을 가지고 있었다. 그 밑에서 일하는 사람들은 지시를 따르기만 하면 어느 정도의 보수와 지위를 약속받을 수 있었다. 그러나 지금은 고객중심의 사회이다. 상사가 '이런 물건을 만들어라' 라고 지시하고, 또 그것에 따른다고 해서 매출이 향상되지는 않는다. 오히려 영업과 마케팅 등 소비자와 직접 부딪치는 사원의 아이디어나 행동력이 중요한 열쇠가 되고 있다. 다시 말해 뛰어난 상사가 조금 모자란 듯한 부하를 지배한다는 식의 종속관계는 더 이상 성립하지 않는다는 것이다.

스스로 생각하고 해답을 찾아내는 것이 부하직원의 일이며, 동시에 그들이 가진 잠재적인 능력을 발견하고 활용하는 것이 상사의 일이다. 결국 조직 안에서 이루어지는 모든 일은 상사와 부하, 평등한 파트너의 공동작업인 셈이다.

그래서일까? 과거에는 상하관계가 무너지는 것을 두려워했던 간부들도 최근 그 필요성을 이해하고 있는 듯하다. 하지만 상사가 아무리 노력한다고 해도 부하직원이 상하관계에 지나치게 연연한 나머지 마음의 문을 닫고 있다면 관계는 제자리에 머물러 있을 것이다.

상사에 대한 선입견과 고정관념에 사로잡혀 있는 상태로는 활발한 교류가 이루어지기 어렵다. 실제로, 부하직원과 격이 없이 지내려고 노력하는 상사를 부담스러워하는 예도 허다하다.

특히 업무에 자신감을 갖지 못한 사람일수록 상사에게 거부감을 느끼거나 민감한 반응을 보이기 마련이다. 상사의 사소한 말투나 표정만으로 '나를 싫어하는 게 아닐까' 따위의 비관적인 판단을 내리곤 하는데, 그것은 어디까지나 자신의 콤플렉스가 빚어낸 결과일 뿐이다.

상사라면 무조건 전투자세로 돌입하는 사람도 있다. 기획을 통과시켜야 한다는 본래 목적도 잊은 채 상사를 모함하는 데만 열중한다. 즉, 문제를 해결하는 데 써야 할 에너지를 자존심과 자아도취를 만족시키기 위해 소모시켜 버리는 것이다.

강조하건데, 상사는 싸워 이겨야 하는 상대가 아니다. 내가 생각하고 있는 일을 실현시키는 데 결정적인 도움을 줄 지원자인 것이다. 진정한 목표는 제쳐두고 불필요한 자존심 싸움이나 눈치작전에 귀중한 시간과 에너지를 낭비하는 것은 결코 현명한 행동이 아니다.

어쩌면 상사와 부하의 관계가 평등하다는 것이 머릿속에서만 가능하다고 여기는 사람도 있을 것이다. 실제로 지배와 종속관계가 여전히 남아 있는 곳도 많다.

한 가지 사고방식을 강요하려는 것이 아니다. 다만 그렇게 생각하는 편이 즐겁게 일할 수 있다는 것이다. 문제는 상사와 부하를 수평적인 관계로 받아들일 수 있는지 여부가 아니다. 반드시 그렇게 생각해야 한다.

내가 능동적으로 움직이고자 할 때 상사를 지나치게 의식한다면 행동을 취하기도 전에 어깨에 잔뜩 힘이 들어가 생각처럼 자유롭게 의견을 말할 수 없을 것이다.

최악의 경우, 상사와 부딪친다는 생각만으로도 움츠러드는 바람에 결국 이렇다 할 제스처조차 취하지 못할지도 모른다. 결과야 어떻게 되든 일단 자신감을 가지고 부딪쳐 보자. 의견을 말하는 것만으로도 해결될 문제는 얼마든지 있다.

point 지위의 서열은 있으나 능력의 우열은 존재하지 않는다. 상사와 부하의 평등하고 조화로운 관계는 주변을 변화시킨다.

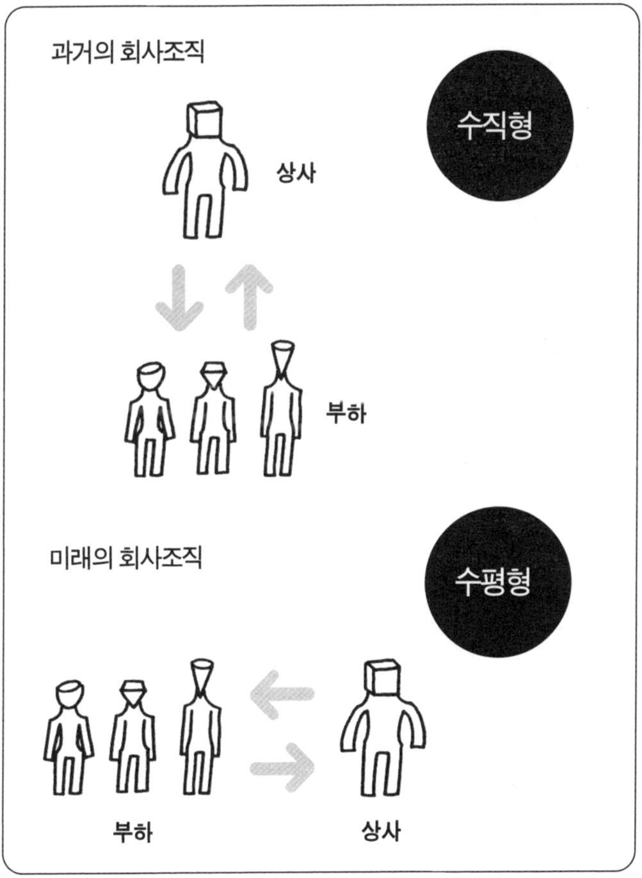

과거의 회사조직 — 수직형

미래의 회사조직 — 수평형

27 마음을 열고 의지를 표현한다

 어느 기업의 관리직 연수에서 '당신은 부하직원과 하루에 몇 분 정도 대화를 나누는가?' 라는 질문을 던진 적이 있는데, '5분 이내' 라는 대답이 압도적으로 많았다.

 하루에 5분 정도의 커뮤니케이션으로 상사와 부하가 서로를 이해하기란 대단히 어렵다. 더욱 심각한 것은 대화의 내용이 지시와 명령에 불과하다는 사실이다. 이런 상태로는 개인의 특징과 사고방식을 파악할 수 없다.

 내가 중심이 되어 주변을 변화시킨다는 것은 자신이 원하는 바를 표현한다는 의미이다. 그러나 지금보다 더욱 적극적으로 의사를 밝히고자 노력하는 사람은 극히 드물다. 의견은 고사하고 상사를 만나면 아예 입을 닫아 버리는 사람도 있다.

 나의 생각을 알아 주었으면, 이해해 주었으면 하는 욕구는 사람마다 가지고 있을 것이다. 문제는 상대방에게 전달하려고 노력하지 않는다는 점이다. 그럼에도 불구하고 '상사가 내 마음을 몰라준다'고 불평하기 일쑤이고, '우리 회사는 인재를 몰라본다'며 고개를 젓는다.

자신의 의지를 어필하고 싶다면 그것을 알아챌 수 있도록 표현하지 않으면 안 된다. 내가 무엇을 하고 싶은지, 어떤 가치관을 가지고 있는지, 미래에 대한 계획은 무엇인지 상대방에게 전달해야만 한다. 주변 사람들이 나의 사고방식과 아이디어를 발견해 줄 때까지 기다리지 말고 스스로 그것에 대해 표현할 기회를 만드는 것이 중요하다.

상사의 입장에서 볼 때 보고서를 전달하거나 상담을 요청하면서 갑자기 '이것을 받아들여 주십시오'라고 말하는 부하직원에게 OK사인을 보내기란 거의 불가능하다.

중심에 서서, 주변을 변화시키기 위해서는 커뮤니케이션의 내용과 질을 높여야만 할 것이다. 단, 질적인 문제 이전에 대화의 시간을 조금씩 늘리기 위한 노력이 필요하다.

먼저 마음을 열고 다가가 의지를 표현하라. 고민이 있다면 주저 없이 동료나 상사에게 조언을 구하라. 매사에 적극적으로 행동하라.

시간이 흐르면 분명 나와 의견을 같이 하는 사람이 나타나게 될 것이다. 하나 둘씩 그 숫자가 늘어나는 시점이야말로 내가 변화의 중심에 서는 순간이다.

point 커뮤니케이션의 양이 지나치게 적지 않은가? 나의 발상을 상대방에게 정확하게 전달하고 있는지 생각해 보도록 하자.

28 상사의 타입별 공략법

상사를 움직이기 위한 커뮤니케이션 기술이나 설득법은 여러 가지가 있지만 그것을 터득하는 데 있어 필요한 것이 공략대상에 대한 분석이다. '상대를 알고 나를 알면 백전백승'이라는 말처럼 어려워 보이는 상대에게도 약점은 있기 마련이다. 반대로, 절대 자극해서는 안 되는 부분도 있다.

어떤 타입의 상사인지 판단하기 위해서는 그의 기호나 장, 단점에 대한 정보를 최대한 많이 수집하는 것이 중요하다. 그 정보에 따라 대응 방법도 다양하게 나누어지기 때문이다.

정보 수집을 위해 가장 먼저 할 수 있는 일은 평소에 커뮤니케이션을 통해 상대와 친밀해지는 것이다. 단, 일방적으로 관심을 표현하거나 이것저것 질문을 쏟아내는 방법은 좋지 않다. 지나치게 적극적인 접근방식으로는 상대의 속마음을 끌어내기 어렵기 때문이다.

우선은 내 쪽에서 드러내놓고 대화를 시작함으로써 경계심을 늦추도록 하는 것이 좋다. 때로는 자신보다 더욱 적극적으로 응해오는 사람도 있을 것이다. 나와 비슷한 성격이라든가 공통된 가치관이 드러난다면 관계는 급진전될 수 있다.

다만 이렇게 얻어진 정보는 어디까지나 개인적인 시각에서 입수한 자료에 의한 것임을 잊어서는 안 된다. 판단이 흐려질 때는 다른 사람의 의견을 참고로 하여 객관적인 면을 강화하도록 하자.

이제 내가 주목하고 있는 상사는 어떤 타입인지 구체적인 예를 들어 보자.

설교를 좋아하는 타입

설교를 많이 하는 타입의 상사에게 가장 좋은 대처방법은 듣고 그대로 흘려버리는 것이다. 사소한 일까지 하나하나 지적하는 사람은 자신이 주변사람들로부터 인정받지 못한다고 생각한다.

인정받고 싶고, 자신이 알고 있는 것을 알리고 싶은 마음에 지나치게 수다스러워지는 것이다. 따라서 불쾌한 내용의 설교라 하더라도 날카롭게 반응하지 않고 순순히 인정해 주는 태도가 필요하다.

일단 설교가 시작되면 '앞으로 이런 일이 없도록 하겠습니다'라고 솔직하게 사과하도록 하자. 변명을 늘어놓는 순간, 상사는 예의 지루한 설교를 시작하게 될 것이다. 잔소리를 듣기 싫다면 일찌감치 나에게 잘못이 있었음을 시인한다.

완고한 타입

완고한 타입에게는 자신의 의견을 밀어붙이지 말고 상담형식으로 다가가는 것이 중요하다. 다짜고짜 '왜 그렇게 해야 합니까'라며 덤벼들지 말고 '이런 제안을 하고 싶은데 한번 봐 주십시오'라며 한 발 물러서는 것이다.

사람은 윗사람이 지시를 내리면 그것이 옳은 일이라 할지라도 어느 정도 빈발심을 갖게 마련이다. 더욱이 군림하기를 원하는 상사라면 부하직원은 당연히 자존심 상하는 일이 많을 것이다. 젊은 시절에는 상사의 의견에 드러내놓고 불만을 표시하는 일이 잦은데, 상사는 그런 모습을 보고 제멋대로인 듯한 인상을 받는다. 불합리한 지시라 해도 우선 받아들이고 직장 선배에게 배운다는 마음가짐을 갖는 것이 자신에게도 여러 모로 도움이 될 것이다.

완벽주의자 타입

완벽한 기획서를 내놓고 상사의 반응을 기다리는 경우, 너무 자신에 찬 모습으로 결정을 재촉하면 상사는 압력을 받고 있다고 생각하기 쉽다.

매사에 완벽을 기하는 성격의 상사에게는 기획서에 일부러 허점을 만들어 놓는 방법도 효과적이다. 허점에 대해 이미 알고 있는 상태이기 때문에 상사의 지적에 빠르게 대처할 수 있고 상사로 하여금 '내가 지적한 덕분이다' 라는 우월감을 느끼도록 만드는 것이다.

혹은 '나름대로 기획서를 만들어 보았습니다만, 불안한 부분이 있어 과장님께 조언을 부탁드리고 싶습니다' 라는 식으로 상사의 아이디어를 기획에 참여시키는 방법도 좋다. 일단 부하직원이 자신에게 의지한다는 생각을 갖게 되면 다른 사람들과 충돌이 생길 때마다 든든한 지원군이 되어 줄 확률도 높다.

우유부단한 타입

우유부단한 타입에게는 결정을 요구하는 형식에 변화를 주거나 기한을 정하여 일을 부탁함으로써 도망갈 틈을 주지 않는 것이 중요하다.

'기획안이 A와 B, 두 가지가 있는데 이 중에서 어떤 것이 실현가능할까요?'

'과장님이라면 두 가지 기획안 중 어느 것을 선택하실 것 같으세요?

모두 좋은 방법이지만 후자는 상사에게 어느 정도 책임을 맡기는 면도 있어 '자기설득'의 효과를 거둘 수 있다. 한편, 내 쪽에서 기한을 정하는 방법은 일을 보다 능동적으로 처리할 수 있어 좋다.

만일 부탁한 일을 상사가 그만 잊어버렸다면 재촉해도 상관없다. 다만 그런 경우에는 '전에 말씀드렸던 기획서, 어떻게 되셨습니까' 또는 '결정해 주신다고 해서 기다리고 있었습니다만……' 처럼 추궁하는 듯한 말투는 피해야 한다. 그저 '정말 해보고 싶은 일이라서…… 꼭 부탁드립니다'라고 말하는 게 좋다.

그럼에도 별다른 반응을 보이지 않을 때는 '제 의견대로 밀고 나가도 될까요?'라고 물어보도록 하자. '멋대로 일을 벌이면 안 돼'라는 대답을 듣게 되면 '그렇다면 어떤 부분을 주의하면 좋을지 말해 주십시오'라고 재차 확인한다.

이런 타입의 상사는 부하직원 쪽에서 확실한 계획을 세운 뒤 느긋하게 상사를 이끄는 것이 중요하다. 따라서 기획서는 가능한 한 완벽하게 만드는 편이 좋다.

방임형 타입

이 타입의 상사에게는 무조건 조언을 구하는 것이 좋다.

일처리가 미숙해서 혼자 처리할 수 없다는 식으로 자세를 낮춘 다음, '아무래도 과장님께서 가르쳐 주셔야겠습니다', '제가 진행했다가 과장님께 누가될까 봐……' 라는 식으로 도움을 요청하는 것이다. 아무리 무관심한 상사라도 부하직원이 부족한 능력을 스스로 인정하고 다가올 때는 거부감 없이 받아들이게 마련이다.

나름대로 솔직하게 다가갔는데도 별 반응이 없다면 직접 상담을 요청하여 이야기를 시작하는 편이 낫다. 이때 선생님께 조언을 구하는 학생처럼 겸손한 태도가 중요하다.

기획서 내용을 검토하지도 않고 '안 된다'는 말만 연발하는 상사라면 '어떤 점이 가장 마음에 들지 않으십니까?'라고 조언을 유도한다. 더욱 좋은 방법은 세 가지 정도 수정안을 보인 다음 선택을 요구하는 것이다. 무엇보다 커뮤니케이션을 중단하지 않으려는 자세가 중요하다.

point 상사의 강점과 약점은 무엇인가? 그것을 확실히 파악하는 것을 시작으로 다양한 방법을 구사할 수 있다.

29 상담을 통하여 상대를 끌어들인다

'상하관계에 연연하면 능동적으로 일할 수 없다'는 것은 앞서 설명한 바 있다. 실제로 상사의 반응을 유도할 때는 그의 자존심을 건드리지 않도록 주의를 기울여야만 한다. 평범한 화제라면 상대를 치켜 올리는 것이 일반적인 해결책이다.

그렇다고 무조건 '예스'만 연발한다든가 아부할 필요는 없다. 다만 상대의 자존심을 고려하여 존경하는 마음을 가지고 대화를 시작하는 것이 좋다. 부탁하는 태도, 겸손한 자세, 감사하는 마음가짐……. 이런 자세로 의견을 조정하면서 주장을 관철시킨다면 상대방도 별 무리 없이 받아들이게 될 것이다.

자신의 노력에도 불구하고 때로는 동료들에게 아부하는 사람으로 낙인찍힐 수도 있다. 하지만 그것이 자기를 보호하기 위해서가 아니라 주변을 움직이고자 하는 목표를 위한 행동이라면 민감하게 신경쓸 필요는 없다. 의지만 확실하다면 결국 동료들도 이해해 줄 것이다.

상사를 끌어들이는 가장 효과적인 방법은 상담의 형식을 빌리는 것이다. '이런 일을 시켜주십시오'라고 직접적으로 부탁하기보다는 일단 '상의하고 싶은 일이 있는데 시간 괜찮으시겠습니까?'라는 식으로 서서히 접근하도록 한다.

예를 들어 회의시간을 단축하자고 제안하는 경우라도 '회의시간을 길게 끄는 것은 낭비입니다. 짧게 끝내야 합니다'와 같이 단정하는 듯한 말투는 곤란하다.

'회의시간을 보다 효율적으로 이용하는 방법에 대해 생각해 보았습니다만……'

무언가 상사에게 의논하고자 찾아온 부하직원을 매몰차게 거절할 상사가 어디 있겠는가. 일단 상사와 얼굴을 맞대고 이야기할 시간을 번 다음 천천히 자신의 주장을 어필하는 것이다.

나의 주장이 옳다고 해도 부하직원으로부터 '~해야 한다'는 말을 듣는 것은 상사의 입장에서 볼 때, 썩 유쾌하지 않은 일이다. 의견에 대해서는 동감하면서도 부하직원의 무례한 태도 때문에 부정적인 반응을 보일 수도 있다. '경험도 없는 녀석이 예의 없이 나선다'는 선입견을 가진 상태에서 어떤 말이 귀에 들어오겠는가.

상담의 형식을 빌림으로써 상사를 존중하는 한편, 자신의 의견에 적극적으로 동참하도록 유도할 수 있다. 부하직원의 진심

어린 상담요청에 건성으로 대답하는 상사란 거의 없을 것이다. 대부분은 성의껏 상담에 응하려는 태도를 보이게 마련이다.

상담에 있어 중요한 포인트는 상대에게도 생각할 기회를 주어 자연스럽게 끌어들이는 것이다. 직접적인 제안을 통하여 대답을 이끌어 내는 경우, 다행히 긍정적인 대답을 얻으면 상관없겠지만 부정적인 태도를 보이면 문제는 그 자리에서 사라져 버리게 된다.

그러나 상담의 형태를 빌리면 지금 당장은 상사에게 받아들여지지 않는 제안이라도 그것을 해결할 방법에 대해 생각할 만한 여지가 남는다. 결과적으로 상사와 문제를 공유함과 동시에 그에게도 새로운 발상과 만나는 기회를 제공하는 셈이 된다.

point 문제가 발생했을 때는 부탁하는 태도, 조언을 구하는 자세, 감사하는 마음 등에 신경 쓰면서 상담을 요청한다.

상대의 참여를 유도하는 5가지 자세

1. 부탁하는 자세
2. 의뢰하는 자세
3. 조언을 구하는 자세
4. 감사하는 자세
5. 상담하는 자세

30 임프레션 매니지먼트

어떤 상황에 대처하는 행동의 하나로써, 상대가 느끼는 자신의 인상을 컨트롤하는 것을 심리학 용어로 '인상조작'(印象操作) 즉, 임프레션 매니지먼트라고 한다.

조직에 몸담고 있는 사람들의 대부분은 자신을 과대포장하거나 유능한 인재로 보이고 싶어한다. 상사에게 의견을 말하거나 새로운 제안을 할 때도 가능한 한 우수한 면을 드러내려 노력한다.

하지만 상사를 설득하려고 할 경우, 이와 같은 노력은 오히려 역효과를 줄 수 있다. 자기 멋대로인 듯한 인상을 주거나 무의식적으로 거부감을 불러일으키는 것이다. 때로는 '제발 도와주십시오'라고 애원하거나 아예 처음부터 '잘 모르는 일이니 가르쳐 주십시오'라고 솔직하게 접근하는 것이 효과적이다.

불륜문제로 인해 세계적인 이슈가 되었던 클린턴 대통령의 기자회견을 예로 들어 보자. 여유있고 자신만만하던 평소의 모습과 달리 나약하고 의기소침한 태도는 국민으로 하여금 동정을 이끌어 내기 위한 임프레션 매니지먼트였다고 볼 수 있다. 만일 그 자리에서 '사적인 문제가 대통령의 자질과 무슨 상관 있는가?'라는 식으로 당당하게 나왔다면 분명 매스컴과 여론이 그를 가만 두지 않았을 것이다. 회견시간 내내 그는 자신의 과오로 인해 참담해하는 태도를 보였고, 분위기는 한순간에 가라앉아 버렸다.

상사를 움직이고자 할 때에도 마찬가지이다. 본래의 목적을 달성하고자 한다면 울음 섞인 목소리로 매달리거나 아무것도 모르는 사람처럼 연기하는 것 모두 활용해 볼 만하다. 이것이 임프레션 매니지먼트의 하나라고 생각한다면 별 저항감 없이 도전할 수 있을 것이다.

상대에 따라 공략하는 방법도 달라지겠지만, 무지함을 가장하여 상사에게 우월감을 심어 주는 것은 의외로 매우 효과적인 방법이다.

인간에게는 상대의 결점을 지적하고자 하는 심리가 있다. 더구나 윗자리에 앉아 있다 보면 자연히 부하직원의 의견에 브레이크를 걸고 싶은 마음이 생기기 마련이다. 아무리 완벽한 이론으로 무장된 제안이라 할지라도 좀처럼 마음을 열기가 쉽지 않은 것이다.

이 때 적당히 눈에 띌 만한 약점을 만들어 놓은 후 상사에게 제안서를 보인다면 어떻게 될까.

"자네, 여기가 좀 이상하다고 생각지 않나?"

"아, 그렇군요. 역시 과장님은 날카로우시네요. 잘 알겠습니다. 하루만 기회를 주시면 수정안을 보여드리겠습니다."

물론 미리 예상된 문제이므로 다음날, 확실한 제안서를 만드는 것은 시간문제다.

"그래, 바로 이거야. 내 말을 확실히 이해했군. 좋아."

상사의 경계심을 누그러뜨리면서도 우월감을 자극하게 되어 보다 빠른 시간 안에 신임을 얻을 수 있을 것이다.

특히 남성의 경우, 일을 완벽하게 처리한 뒤 상사에게 어필하려는 심리가 강하다. 하지만 사전에 조율기간을 거치지 않는다면 기대한 만큼의 대답은 얻어내기 어려울 것이다.

"이런 생각을 가지고 있습니다만, 지금 시점에서 어떻게 해야 할지 조언 좀 부탁드립니다."

자신의 생각을 드러내기 전에 보고서나 상담시간을 통하여 상사가 가진 사고방식에 맞춘다면 별 무리 없이 일을 진행시킬 수 있을 뿐만 아니라 보다 적극적으로 참여를 유도할 수 있다.

임프레션 매니지먼트의 전제가 되는 것은 상사와 함께 움직여야 한다는 것이다. 직접적인 제안이 대개 부정적인 대답으로 돌아온다는 사실을 감안한다면 어떻게 상사를 움직이고 납득시켜야 할지, 전략을 세워야 할 것이다. 그리고 행동으로 옮길 때는 비록 상대의 지위가 나보다 높더라도 심리적으로는 한 단계 위에 서 있다는 마음가짐으로 대하는 것이 중요하다. 경우에 따라서 우수한 면을 어필해야 할 때도 있고 반대로 무지한 모습을 드러내거나 무조건 양보해야 할 때도 있을 것이다. 이 모든 기술을 자유자재로 구사할 수 있게 된다면 어떤 상대를 만나더라도 유연히게 대처할 수 있지 않을까.

point

상대보다 한 수 위라는 생각을 갖는다. 다양한 자신을 연기함으로써 주변 사람들과 협력을 유도한다.

31 상사를 코치한다

누구나 한 번쯤은 상사의 부정적인 대답에 대해 '안 되는 이유가 무엇입니까?' 라고 반문한 경험이 있을 것이다.

그 이유를 조목조목 설명해 준다면 납득할 수 있으련만 대부분의 상사는 굳은 표정으로 '안 되니까 안 된다' 는 한마디를 던질 뿐이다. 이 때 포기하지 않고 '뭐가 문제입니까? 설명해 주십시오' 라고 매달려 보았댔자 상사가 하는 말에 대든다느니, 말꼬리를 물고 늘어진다느니 하면서 역정을 내기 십상이다. 이런 상태로 정상적인 대화를 나눈다는 것은 거의 불가능하다.

말도 안 되는 이유로 제안을 무시할 때, 사실은 상사 자신조차 이유를 모르는 경우도 있다. 경험상 그러는 편이 나으리라는 생각에서, 혹은 회사의 통념상 반대하는 등, 이유는 대개 추상적이다. 이와 같은 상황에서는 아무리 부하직원이 이유를 따지고 들어도 만족할 만한 대답을 듣기는 어렵다. 그저 버릇 없다는 인상을 심어 줄 뿐이다.

이 때 상사에게 원하는 반응을 이끌어 내는 방법이 있다.

"제 기획의 문제점을 지적해 주시겠습니까?"

"예산문제입니까, 아니면 기한이 부족해서입니까?"

질문은 구체적일수록 좋다. 그저 '무엇이 문제입니까' 라는 식의 광범위한 질문보다는 단 한 가지라도 포인트를 지적해 주는 것이 중요하다. 상사로 하여금 자신이 무엇 때문에 기획을 반려했는지 생각할 시간을 주는 것이다.

일단 상사가 문제점을 깨닫게 되면 다음 단계로 넘어가는 일도 그만큼 수월해진다. 다음 대화는 실생활에서 종종 마주치게 되는 내용을 담고 있다. 그 중에 나의 경우와 닮은 것을 찾아 응용해 보자.

NG 대화1

부하 : 노인층을 대상으로 한 책을 기획하고 싶은데요.

상사 : 그거 곤란하겠는데. 노인에 대한 책은 잘 팔리지 않아서 말이야.

부하 : ……그렇군요. 잘 팔린다면 누군가 먼저 만들었겠지요.

NG 대화2

부하 : 노인층을 대상으로 한 책을 기획하고 싶은데요.

상사 : 어려울 것 같군.

부하 : 왜 안 되지요? 고령자에 대한 책은 시장에 얼마 나와 있지 않아서 분명히 잘 팔릴 겁니다. 노년층이야말로 경제적으로 가장 풍요롭지 않습니까?

상사 : 안 된다면 안 되는 줄 알아.

부하 : …… '벽창호 같으니라고.'

상사 : …… '아무것도 모르는 녀석이.'

NG 대화3

부하 : 노인층을 대상으로 한 책을 기획하고 싶은데요.

상사 : 어렵겠는데.

부하 : 구체적으로 어떤 점이 문제인지, 지적해 주셨으면 좋겠습니다만.

상사 : 그 시대 사람들은 여간해서는 책을 사 읽지 않아.

부하 : 그렇지 않던데요. 고령화 사회의 주역이 바로 지금의 노년층 아닙니까. 그러니까…….

우선 첫 번째 대화는 토대가 제대로 갖추어지지 않은 사람에게 흔히 볼 수 있는 패턴으로, 반론에 부딪히면 의기소침해져서 더 이상 대화를 지속할 수 없다.

두 번째 대화는 자신의 생각을 지나치게 강요함으로써 노여움을 사거나 반감을 갖게 하는 경우이다. 상사를 대화에 참여시키려는 의지가 결여되어 있다. 그렇다고 해서 세 번째 대화와 같이 상사의 의견을 정면에서 부정하는 것도 좋지 않다.

OK 대화

부하 : 노인층을 대상으로 한 책을 기획하고 싶은데요.

상사 : 어렵겠는데.

부하 : 구체적으로 어떤 점이 문제인지, 지적해 주셨으면 좋겠습니다만.

상사 : 그 시대 사람들은 여간해서는 책을 사 읽지 않아.

부하 : 그렇군요. 그런데 왜 책을 사지 않을까요?

상사 : 글쎄……

부하 : 금전적인 문제 때문일까요?

상사 : 그 세대는 경제적으로 여유가 있잖아.

부하 : 그렇네요. 그럼 다른 이유가 있겠군요.

상사 : 눈이 나쁘니까 글자를 읽고 싶어하지 않아서 그런 것일지도 모르지.

부하 : 그렇다면 글자를 크게 만들어서 책을 만들면 팔릴까요?

상사 : 글쎄, 그보다는 내용이 좋아야겠지.

부하 : 어떤 내용이 좋을까요?

상사 : 흐음. 고령화 사회이니까, 퇴직 후 생활이나……(대화가 이어진다).

부하 : 그럼, 지적해 주신 내용을 중심으로 기획서를 만들어 보아도 될까요? 그때 다시 한 번 검토해 주십시오.

상사 : 그러지. 한 번 보세.

위 대화의 포인트는 상사의 의견을 먼저 받아들인 다음, 상사에게 구체적인 주제를 주어 생각하게 하는 것이다. '금전적인 문제'와 같이 동떨어진 이유를 들어 상사의 지적을 이끌어 내는 방법도 좋다.

'지금까지 노인을 대상으로 한 책 중에서 잘 팔린 것은 없을까요?'

'팔리지 않은 데는 무언가 이유가 있을 텐데, 앞으로 이 분야의 출판에 성공 가능성이 있을까요?'

'책을 사지 않는 사람들을 서점으로 이끌 방법은 없을까요?'

이처럼 다양한 질문을 통하여 상대가 문제점을 인식하고 동시에 조언을 할 수 있도록 유도한다. 일단, 대화를 지속시키는 데 성공하면 결국, 기획서가 통과되는 것은 시간문제일 것이다.

point 의견이나 제안을 거절당한 경우에는 구체적인 문제점을 들어 상사에게 질문한다.

32 설득하는 기술을 마스터한다

 이번에는 설득의 기본이 되는 두 가지 기술을 소개하기로 한다. 실험과 조사를 통해 과학적으로 검증된 방법이다. 확실하게 소화하여 TPO(Time, Place, Occasion)에 따라 적절하게 활용하도록 하자.

풋 인 더 도어(Put in the door) 기술

 '풋 인 더 도어'란 '한쪽 발을 문 안쪽에 넣어 닫히지 않게 하면서 서서히 안으로 들어간다'는 의미로, 우리 말로는 '단계적인 요청법'으로 해석할 수 있다. 말하자면 사소한 부탁에서 시작하여 점점 범위를 넓혀가는 기술이다.

 '처음 부탁을 받았을 때, 사람은 자유로움을 느낀다. 그러나 일단 그것을 받아들이게 되면 그 다음 부탁을 받을 때는 전보다 자유롭지 못하다.'

 인간에게는 이와 같은 심리가 존재한다. 예를 들어 대형 프로젝트를 상사에게 제안하고자 할 때, 처음부터 통과시켜 줄 것을 요구하면 십중팔구 부정적인 대답을 듣게 될 것이다. 이런 경우에는 '업무 시간 이외에 아이디어 구상을 해 보고 싶은데 괜찮을까요?'와 같은 낮은 수준의 요구부터 시작하는 것이 좋다.

근무시간 이외의 일이므로 상사 역시 흔쾌히 허락할 것이다. 그 다음에는 약간의 시간을 두면서 아이디어를 짜내는 모습을 보여준다. 본격적인 제안은 이때부터이다.

'시장조사를 해 봐도 될까요?'

'기획서로 만들어 보고 싶습니다만.'

'기획에 관심 있는 사람들로 팀을 짜도 되겠습니까?'

처음 사소한 요청을 들어주었던 상사는 계속하여 기획에 참여하게 될 것이고, 결국 목표를 이루는 데 지원자의 역할을 톡톡히 해낼 것이다.

도어 인 더 페이스(Door in the face) 기술

'풋 인 더 도어'가 상대의 마음을 조금씩 열어가는 기술이라고 한다면 '도어 인 더 페이스'는 상대에게 자신의 진면목을 완전히 드러내는 것이다.

'인간은 그것이 법을 어기는 부탁이라 할지라도 일단 거절하는 데에는 죄책감을 느끼게 된다. 따라서 한 번 거절한 뒤에는

받아들여야 한다는 부담감을 안게 된다.'

'도어 인 더 페이스'는 이와 같은 인간의 심리를 교묘하게 이용한 설득방법이다. 사람은 계속해서 부탁을 거절할 수 없다. 만에 하나 그것이 가능하다고 해도 죄책감의 강도가 점차 높아지기 때문에 결국에는 상대의 요구를 들어주게 되는 것이다.

일단 부담스러운 조건을 내세워 거절을 유도한 뒤에 본래 목적이었던 제안을 내보이는 것이 이 방법의 포인트이다. 예를 들어 회의시간을 단축시키자는 제안을 하려고 할 때 '회의시간을 30분으로 정하자'는 요청으로 일단 'NO' 사인을 받은 다음, '그러면 단 15분 만이라도 줄였으면 한다'는 식으로 조건의 수위를 한 단계 낮춘다. 처음부터 무작정 시간을 줄이자고 제안하는 것보다 훨씬 효과적이다.

중대한 프로젝트를 기획할 때도 마찬가지이다. 예산이나 기한, 인원 등 상사가 받아들이기 힘든 조건을 설정해 두었다가 이것을 거부하면 그보다 적은 규모의 기획안을 내보이도록 한다. 처음 제안에 부담을 느꼈던 상사는 분명 흔쾌히 받아들일 것이다.

point 풋 인 더 도어 / 도어 인 더 페이스 기술을 상황에 맞게 적절히 이용한다.

제5장

회사의 틀을 넘나드는 인재가 된다

33 회사의 틀에서 벗어난다

비즈니스 사회에서 이제 직장을 옮겨다니는 것은 특별한 이슈가 되지 못한다. 자신의 경력에 도움이 될 곳으로 옮기는 사람들이 늘어난 탓도 있지만, 한편으로는 종신고용제도의 붕괴와 구조조정에 의해 어쩔 수 없이 회사를 그만두어야 하는 2, 30대 직장인이 많아졌기 때문이다. 단지 안정적인 직장이 보장되지 않는 시대라서, 회사의 틀을 벗어나라고 말하는 것은 아니다.

언제든지 회사를 그만두어도 상관없을 만큼 자신감이 있다면 회사나 지금의 업무에 지나치게 매달릴 필요는 없을 것이다. 조직의 부속품으로서 만족하지 않고 스스로 생각하고 판단할 수 있으면 된다. 회사의 틀을 넘을 수 있는 사람이야말로 회사 안에서 가장 주목받는 존재이기 때문이다.

고용환경이 좋지 않은 시기에는 회사에 더욱 의지하기 마련이다. 그러나 회사에 의지하려 하면 할수록 조직 내부의 일에만 신경이 집중되어 보다 넓은 시야를 갖지 못하게 된다. 스스로 납득할 수 있는 일보다는 조직이나 상사가 만족할 만한 일을 찾는, 다시 말해 조직의 상식에 따라 생각하고 행동함으로써 결국 회사의 틀 안에 머무는 악순환이 반복되는 것이다.

회사의 틀을 넘지 못하는 이유는 무엇인가. 첫 번째 이유는 편하기 때문이다. 회사의 상식이나 운영방식을 그대로 따르면 일정한 지위와 보수가 보장된다. 그런데 뭣하러 다른 일을 생각하겠는가.

또 한 가지 이유는 두려움이다. 조직에 소속되어야 한다는 고정관념 때문에 그것으로부터 벗어나기를 꺼리는 것이다. 입사와 함께 쌓아온 자신의 능력을 다른 조직에서도 활용할 수 있을지 불안하기만 하다.

지금 당장은 이와 같은 생활이 안정적으로 느껴질 수도 있다. 하지만 긴 안목에서 본다면 회사의 틀을 넘지 못하는 즉, 지나치게 조직을 의식하는 사람은 그리 오래가지 못한다. 그런 인재가 살아남는 회사라면 그 회사의 미래 역시 장담할 수 없을 것이다.

'자기책임의 시대'라고 하지 않던가? 스스로 모든 일을 결정하고 책임을 지고 위험을 감수하는 시대. 회사의 울타리 안에서 자란 인재는 거친 외부환경에 적응할 수 없다. 회사 안팎을 넘나드는 사람만이 어느 곳에서도 환영받는 최고의 인재인 것이다.

회사 안에서 뿐만 아니라 밖에서도 인정받는 사람이 최고의 인재이다.

회사의 틀을 뛰어넘는 인재가 된다

회사 안에서나 외부에서
똑같이 인정받는 최고의 인재

34 시장가치는 누구나 가지고 있다

'나의 가치를 알자.'

어느 비즈니스 전문지의 '전직(轉職) 특집' 기사에 등장한 문구이다.

'한 회사에서 쌓은 경력과 기술을 다른 회사에서도 인정받을 수 있을까? 자신의 시장가치를 아는 것이야말로 비즈니스맨의 기본이다.'

기사를 읽으면서 가슴 뜨끔한 사람도 있을 것이다.

금액만으로 환산하다면 가치를 따지는 일은 그리 어렵지 않다. 헤드 헌팅 회사나 구인 사이트에 등록하여 경력 등의 개인정보를 제공하면 몇 분 안에 '당신은 연봉 ooo 정도를 받을 수 있다'는 대답을 들을 수 있다.

회사의 울타리 안에 안주하는 사람들의 대다수는 남들이 알아줄 만한 조건이 없다고 생각하거나 스스로 능력을 과소평가하는 경우가 많다. 하지만 그것은 지금의 상태를 유지하기 위한 일종의 변명에 지나지 않는다. 앞서 설명했던 것처럼 회사 밖으로 나가기가 귀찮고, 두려워서 스스로 그럴 만한 능력이 없다는 식으로 합리화시키는 것이다.

인간의 심리 중에는 비관적일수록 진실로 느끼는 버릇이 있다. 마치 '이 세상은 아름답다'는 말보다 '이 세상은 추하다'는 말이 더 설득력 있게 들리는 것처럼 말이다. 즉, 비관적으로 생각할수록 그것이 진실이라는 믿음을 갖게 되는 것이다.

자신에게 능력이 없다고 생각해 버리면 회사 밖으로 시야를 넓히는 일 따위는 하지 않아도 된다. 눈앞에 고통을 피하기 위해서, 오늘 하루를 무난하게 보내기 위해서 나를 속이는 것이다.

하지만 장기적으로 볼 때 그것은 '작은 사고를 피하려다 큰 사고를 당하는' 것과 같다. 무난하고 안정적인 생활만을 찾다가 돌연 구조조정의 대상이 되거나 회사가 도산한다면 그야말로 '큰 사고'가 아닐 수 없다.

스스로 '나는 능력있는 사람이다'라는 자부심을 갖고 미미하나마 바깥세상에 관심을 갖는 사람이라면 갑작스런 '사고'를 만나지 않을 공산이 크다. 설사 곤경에 빠졌다고 해도 의연하게 대처할 것이다. 자신의 가치를 낮게 평가하는 것으로 안정감을 느낄 수 있을지는 모르지만 결과적으로는 가장 고통스러운 길을 걷고 있음을 잊어서는 안 된다.

'나는 지금 회사에서 자동차 세일즈밖에 해 보지 않았으니 다른 회사로 옮기는 건 무리야.'

물론 자동차 세일즈를 한 것은 사실이다. 그러나 논리적으로 생각하면 그 경력이 전직에 방해가 되는 이유라고 볼 수 없다. 그와 같은 결론에 도달하기까지는 다음과 같은 고정관념이 존재하고 있기 때문이다.

- 자동차 세일즈는 누구나 할 수 있다.
- 자동차 이외는 팔아 본 적이 없다.
- 불경기라서 자동차 영업은 더 이상 승산이 없다.

그렇다면 이제 이렇게 바꾸어 생각해 보는 것은 어떨까.

- 고액의 상품(자동차)을 팔았다.
- 자동차에 관한 지식은 남에게 뒤지지 않는다.
- 불경기라도 차종만 변할 뿐 기본수요는 존재한다.

이제껏 단점이라고 생각해 온 것들이 오히려 나의 경력에 도움 요인이었음을 깨닫는다면 '시장가치가 낮다', 혹은 '전직이 어렵다' 따위의 결론은 결코 나오지 않았을 것이다. 자동차처럼 고액의 상품을 팔았으니 보석이나 컴퓨터와 같은 고부가가치 상품도 얼마든지 판매할 수 있으리라는 자신감, 어찌보면 새로운 도약의 시작일 수 있다.

그렇다면 전자와 후자 둘 중에서 논리적으로 타당한 것은 어느 쪽일까. 단언하건데 후자의 사고방식이 훨씬 더 이성적이다. 생각해 보라. 다른 상품을 팔아 보지도 않고서 어떻게 그것이 불가능하다고 말할 수 있겠는가.

전자와 같이 나약한 마음상태를 심리학에서는 '비합리적 신념'이라고도 한다. 인간이 비관적인 관점을 가지고 있을 때는 자신도 모르는 사이에 비합리적인 신념에 지배당하게 된다. 만일 지금 '전직이 어렵지 않을까', '구직시장에서 별로 어필할 만한 게 없다'고 생각한다면 자신이 비합리적인 신념에 따르고 있지는 않은지 확인해 볼 필요가 있다. 그리고 그것을 합리적 신념으로 바꾸어야 한다.

정신과 치료 과정에서 곧잘 쓰이는 방법이기도 하지만 이러한 사고방식을 몸에 익히면 스스로 자신감을 갖게 되는 효과가 있다. 무조건 긍정적인 생각을 갖자는 것이 아니라, 현실을 직시하고 합리적인 사실만을 받아들여 비관적인 사고에서 벗어나자는 것이다.

point 자신에게는 내세울 만한 조건이 없다는 식의 비관적 사고는 어려움에서 벗어나는 데 결코 도움이 되지 않는다.

내가 가지고 있는 비합리적 신념을 합리적인 것으로 바꾸면 어떻게 될까?

자동차 영업사원일 경우

- 자동차 이외엔 팔아 본 적이 없다
➡ - 자동차라는 고액상품을 팔았다
- 자동차 파는 일만 했다
➡ - 자동차에 대한 지식은 남에게 뒤지지 않는다

- ☐
➡ ☐
- ☐
➡ ☐

※ 자신의 경우에 해당하는 것을 써 넣어 보자.

35 객관적인 시각에서 '나'를 되돌아본다

 내가 지금의 회사를 선택한 이유는 과연 무엇인가. 생계를 위해서? 아니면 가족을 부양하기 위해서? 이와 같은 대답은 '왜 일하는가'에 대한 대답에 해당된다.

 회사를 선택한 이유에는 여러 가지가 있을 것이다. 영업 경력을 쌓기 위해서, 기획력을 키우기 위해서, IT 기술과 어학 등의 능력을 습득하기 위해서…….

 이 문제는 회사의 틀을 깨는데 매우 중요한 역할을 한다. 왜냐하면 조직을 의지하고 그 안에 안주하려는 사람은 대부분 회사에 다니는 이유 따위에는 관심을 갖지 않기 때문이다.

 회사를 다니면서 플러스, 혹은 마이너스 되었다고 생각하는 것은 무엇인가. 회사에 어떤 공헌을 했으며, 지금 맡고 있는 일에서 도움이 되는 것은 정확히 무엇인가. 회사에 어떤 기대를 가지고 있는가. 그것을 위해 어느 정도 타협하고 있는가. 객관적인 시각에서 나와 회사의 관계를 살펴보면 대충 이런 질문이 나올 것이다.

이 질문들은 회사의 틀을 깨닫는 계기가 된다.

수조 안에 든 물고기가 밖에서 자기를 바라보는 사람들의 입장을 이해할 수 없듯이, 회사의 울타리 안에 머문 상태로는 객관적인 시각을 갖기 어렵다. 직업상 기업 연수나 세미나에서 강연할 때마다 그 회사의 독특한 분위기를 느끼곤 하는데, 실제로 회사를 다니고 있는 사원들에게 이야기하면 전혀 모르고 있던 양 놀라는 눈치다. 십중팔구 '그럼 우리 회사 사람들은 어떠냐'고 반문하거나 시시콜콜 집요하게 물고 늘어지기 일쑤다. 근무하고 있는 회사의 분위기조차 파악하고 있지 못한데, 자신의 모습을 객관적으로 보기란 불가능하지 않을까.

이를 테면 회사 안에서는 제법 참신하고 개방적이라고 생각했는데, 거래처에 나와서는 보수적인 회사의 분위기를 그대로 따라간다는 것이다.

어쩌면 그것은 당연한 일인지도 모른다. 하루에 절반 이상을 회사 안에서 지내고 있지 않은가? 여기에 퇴근 후 동료들과 술자리를 함께하거나 주말에 함께 골프를 치는 경우까지 감안한다면 거의 가족과 다름없다고 볼 수 있다. 인간관계가 좋건 나쁘건 상관없이 정해진 일상이 그러하다면 발상 또한 일정한 범위로 한정될 수밖에 없다. 즉, '회사 = 사회'라는 공식이 성립하는 것이다.

회사 울타리를 벗어나 다른 세계를 의식하기 위해서는 전혀 다른 시각에서 '나'를 관찰해야만 하는데, 그 첫 걸음이 바로 자신이 왜 지금의 회사를 선택했는지 깨닫는 것이다.

나는 과연 회사로부터 무엇을 얻고 있는가. 반대로 나는 회사에 무엇을 돌려주고 있는가. 지금 상태에서 내게 불리한 점은 무엇인가.

다른 환경에 있는 사람의 의견도 참고가 될 수 있다. 대학시절 친구와 오랜만에 만난 자리에서 내가 어떻게 변했는지 물어보는 것이다. 상대의 대답을 들었다면 그대로 받아들이도록 한다. 사소한 기회를 통하여 평소에 미처 느끼지 못했던 모습을 발견할 수 있을지도 모르기 때문이다.

어떤 사람들은 '회사의 틀을 넘는다'는 말의 의미를 다른 업종에 종사하는 사람들끼리 모임을 만들어야 하는 것으로 받아들이기도 한다. 모임에서 새로운 인맥을 만들고 정보를 교환하는 등, 인간관계를 넓히는 절호의 기회라고 생각하겠지만 사실 이와 같은 기회를 통해서는 구체적인 성과를 얻기 어렵다.

이유는 무엇일까? 가장 큰 이유는 모임에 나온 사람 역시 비슷한 목적을 위해 모였기 때문이다. 회사의 분위기가 몸에 밴 사람들이 상대를 객관적으로 평가하기란 대단히 어려운 일이다. 그저 간단한 인사와 함께 명함을 교환하는 것으로 만족한다면 이야기는 달라지겠지만 솔직하고 날카로운 의견을 듣고자 한다면 모임은 별 도움이 되지 못한다.

또 한 가지, 이런 종류의 모임이 시간낭비로 전락하는 이유는 자신의 이야기만 하려고 하기 때문이다. 나름대로 회사를 대표한다는 자만심에 인위적인 모습을 드러내려고 쉴 새 없이 떠들어 대는 것이다. 그러나 자신을 어필하려고만 해서는 정보교환 자체가 불가능하다.

말하기보다는 듣고, 의례적인 질문보다는 자연스러운 대화를 이끌어낼 수 있다면 같은 업종에 종사하는 사람들의 모임도 꽤 효과적일 수 있다. 모임의 종류에 상관없이 활용하는 기술에 따라 자신이 몰랐던 모습을 깨닫는 기회로 삼을 수 있을 것이다.

point 지금의 회사는 나에게 있어 어떤 의미가 있는가. 그 질문에 대한 답을 찾는 과정을 통해 객관적인 시각을 갖게 된다.

회사를 다니는 것으로 얻는 것과 잃는 것을 각각 정리해 보자.

얻는 것
- 매달 일정한 수입이 생긴다.
-
-
-

잃는 것
- 하고 싶은 일을 할 수 없다.
-
-
-

36 내가 가진 자원(resource)은 무엇인가

 몇 달 간격으로 직장을 옮기는 사람이 있다. 최근 들어 경력이나 조건이 뛰어나 헤드 헌팅 회사로부터 스카우트 제의를 받거나, 보다 나은 경력을 위해 이직을 선택하는 사람이 늘어나고 있는 추세이다.

 하지만 가장 흔한 경우는 '적성에 맞지 않는다'든가 '천직이 아닌 것 같다'는 등의 이유로 전직을 반복하는 것이다. 이처럼 자신에게 어울리는 직장을 찾아 헤매는 것을 두고 '파랑새 증후군'이라고 부르기도 한다.

 '파랑새 증후군'까지는 아니더라도 전직의 실패로 인한 상처는 의외로 오랫동안 남는다. 회사를 자주 옮기는 사람들의 공통점은 확실한 자기분석이 이루어지지 않았다는 데 있다. 2장에서 설명했던 것처럼 나만의 '토대'가 만들어지지 않은 상태에서는 마땅한 직장을 고르기 어렵다. 근본적으로 무엇을 원하는지 알지 못한 채, 단순히 급여수준이나 업무의 종류에 얽매인다면 성공할 확률은 낮을 수밖에 없다.

회사의 울타리를 넘을 때는 철저한 자기분석, 그중에서도 내가 가진 강점, 혹은 자원(resource)을 파악하는 것이 중요하다.

자원이란, 현재 다니고 있는 회사 밖에서 어필할 수 있는 '무기'와 같다. 이것을 가지고 어떻게 싸우는가, 또는 어떤 전략을 세우는가 하는 문제는 미래상 즉, 비전에 달려 있다.

우선 내가 가진 자원에 대해 알아야만 한다. 이것을 알아야만 앞으로 어떻게 살아가야 할지 계획을 세울 수 있다. 단, 자원을 조사할 때는 되도록 꼼꼼하게 해야 한다. 영업경력이나 어학수준과 같은 기술적인 면에 치중해서는 안 된다.

예를 들어 5년 간 자동차 영업을 했다면 어떤 고객을 대상으로 했는지, 그것이 개인 혹은 법인이었는지, 차종은 무엇이었는지 상세하게 분류하는 것이다.

자동차 영업 경력 5년차이다.
5년 간, 법인을 주고객으로 고급차종을 판매하였다.

이와 같은 과정을 거치면 자원의 범위가 넓어질 뿐만 아니라 보다 구체적으로 인식할 수 있다. 자격증처럼 눈에 보이는 것 이외에도 '근성이 있다' 또는 '적응이 빠르다'는 등, 스스로 강점이라고 생각하는 성격도 얼마든지 자원이 될 수 있다. 더불어 커뮤니케이션 기술 즉, '윗사람과 원만하게 지낸다', '부하직원들에게 신뢰가 두텁다', '사람들 앞에서도 기죽지 않는다' 와 같은 요소도 매우 유용한 자원이다. 여기에 내가 가지고 있는 인맥과 정보력을 더한다면 그 가치는 더욱 커진다.

- 회사를 그만둔 후에도 지원을 아끼지 않을 상사나 동료
- 인간관계에 대한 고민을 터놓을 수 있는 친구
- 객관적인 시각으로 나를 평가해 줄 전문가
- 정보를 제공받을 만한 장소(지역이나 가게 등)나 미디어(신문, 잡지, TV프로그램, 웹사이트 등)
- 여유있게 시간을 보낼 수 있는 장소
- 성공했던 경험(자신감의 원천이 된다)과 실패했던 경험(교훈이 된다)

자신이 가지고 있는 자원을 제대로 인식하고 있는 사람은 생각보다 그리 많지 않다. 쓸모없다고 생각했던 것까지 자원이 될 수 있다는 사실을 깨닫게 된다면 전보다 훨씬 적극적으로 미래를 설계할 수 있을 것이다. 그저 가슴 아픈 기억으로 묻어두었던 실패의 경험조차 매우 유용한 자원이기 때문이다.

더욱이 중요한 것은 한번 확보한 자원은 결코 사라지지 않는다는 사실이다. 오히려 경력을 쌓을수록 자원의 가치는 더욱 높아지고, 회사의 울타리를 넘을 만한 용기도 배가됨을 잊어서는 안 된다.

내가 가진 자원(resource)은 무엇인가? 인맥, 정보력, 과거의 경험……. 자원을 제대로 파악하는 것으로 적극적인 사고와 행동이 가능해진다.

37 다양한 비전(vision)을 갖는다

비전을 갖는다는 의미에 대해서는 2장에서도 잠깐 설명한 적이 있다. 자신의 미래상 즉, 비전이 확실할수록 그것을 실현시키기 위한 보다 구체적인 방법을 떠올릴 수 있다. 회사에서도 단순히 주어진 업무에 만족하지 않고 그것이 비전에 어떤 영향을 줄지 생각하게 된다.

그렇다고 해서 한 가지 비전에 연연할 필요는 없다. 3년, 5년, 퇴직 후……. 이처럼 단계별로 다양한 미래상을 그리는 편이 구체적인 장면을 떠올리는 데 도움이 될 것이다.

다른 회사에서 일하고 있는 모습이나 팀의 중심에서 프로젝트를 지휘하는 등, 사회생활을 시작하면서부터 한번쯤 꿈꾸어 보았음직한 일들을 나의 미래와 연결시키는 것이다.

다양한 비전을 그릴 줄 아는 사람일수록 유연한 사고도 가능해진다.

한 가지 목적을 위해 달리는 사람은 불의의 사태로 인해 그것이 어려워지면 쉽게 좌절하는 경향이 있다. 지금까지 전력으로 매달렸던 목적이 무너지는 순간, 인생 전반에 걸쳐 자신감을 상실하게 된다. 뛰어난 경력과 학력을 가진 엘리트 사원에게서 흔히 볼 수 있는 패턴이다.

예를 들어 무역회사 국제부에서 세계무대를 상대로 경험을 쌓겠다는 포부를 가졌다고 하자. 그 꿈을 이루기 위해 대학시절부터 영어공부에 매진했다면 나름대로 멋진 일일 것이다.

그러나 회사는 조직이기 때문에 반드시 내가 의도하는 방향으로 경력을 쌓을 수는 없다. 오히려 전혀 다른 분야, 이를 테면 경리나 인사부서에 배속될 수도 있는 일이고, 다행히 국제부에 배속되었다고 해도 몇 달 만에 국내로 전출명령이 떨어질 수도 있다.

한 가지 비전에 지나치게 연연하다 보면 다른 업무에 소홀해지거나 자신이 원하는 일을 하기 위해 무작정 회사를 옮겨 다니는 '파랑새 증후군'에 빠질 확률도 높다.

이에 비해 보다 유연한 자세로 미래를 준비하면 얼마든지 계획을 수정할 수 있다. 경리부에서 배운 재무지식이 장차 해외 현지법인에서 유용하게 쓰일지도 모르는 일이고, 갑자기 국내로 전출되었다면 그 이유를 면밀히 분석하여 다음 해외사업 때 참가할 수 있도록 다양한 기획을 준비하면 그뿐이다.

비전에 유연성을 지닌다는 의미에서 남성은 여성을 본받을 필요가 있다. 결혼이나 출산 등 인생의 큰 고비를 겪는 여성은 남성보다 훨씬 많은 인생의 복선을 가지고 있다. 결혼을 하고 일을 그만둔다면 어떻게 될까, 출산 후에도 회사에 나갈 수 있을까…… 등등, 상황에 맞게 다양한 비전을 설정하게 되는 것이다. 당연히 삶의 방식도 여러 갈래로 나뉠 수 있다.

반대로 남성은 대개 한 가지 비전을 갖게 된다. 특히 종신고용과 호봉제도가 중심이 되었던 세대에서는 입사부터 퇴직까지 일정한 형태로 미래가 정해지기 마련이다.

그러나 이제 더 이상 입사가 퇴직으로 이어지는 일은 없다. 퇴직금조차 확실하게 보장되지 않는 상태에서 맡은 일에만 열중할 수는 없는 일이다.

다시 말해 과거에는 상상조차 하지 못했던 미래상을 가져야만 한다는 것이다. '이렇게 해야 한다'는 시대에서 '이렇게 하고 싶다'로 보다 여유롭고 합리적인 사고방식이 필요한 때이다.

'○○살까지는 아이를 낳고 ○○살까지 집을 사고, 정년퇴직까지 ○○○만 원을 모으면…….'

이와 같은 비전을 떠올리는 사람도 있을 것이다. 넓은 의미에서는 비전이라고 말할 수 있겠지만 이것은 어디까지나 '인생설계'에 불과하다.

직책에 따라 보수가 결정되는 시대도 아니고, 정년까지 회사에 다닐 수 있을지 불투명한 상태에서는 모든 일이 자신의 책임 하에 있다.

단순히 집을 사거나 자녀의 교육비만을 생각한다면 그것을 만족시킬 만한 비전을 가질 수밖에 없다. 사는 방식이 서로 다르므로 일단 '가족을 행복하게 해 주는 것이 가장 명확한 비전'이라고 생각하는 것도 좋은 방법이다.

이 말에 '가족을 위해 지금 하고 있는 일에 더욱 집중하고 싶다. 회사만 그만두지 않는다면 괜찮지 않겠는가? 하고 반문하는 사람도 있을 것이다. 하지만 앞서 몇 번이고 강조했던 것처럼 회사의 울타리 안에 머무르는 것으로는 안정을 보장받을 수 없다. 게다가 단순한 사고방식을 지니고서는 조직 안에서 가치있는 존재가 되기 어렵다.

그렇다고 가족에 대한 생각을 떨쳐버릴 수는 없는 일일 것이다. 이왕 가족의 행복을 위해 나섰다면 인생설계보다 큰 범위의 미래상을 그려보면 어떨까.

이제부터는 자신을 위해, 혹은 누군가를 위해 '반드시 해야 할 일'이 아닌, 내가 '하고 싶은 일'을 찾도록 하자. 하고 싶은 일을 위해 움직인다면 회사의 틀에서 벗어나 자유로울 수 있고,

더불어 강한 에너지로 조직을 움직이는 능력도 함께 생겨날 것이다.

종신고용과 호봉제가 사라진 지금, 비전은 '해야만 하는 일'에서 '하고 싶은 일'을 중심으로 바뀌어야 한다.

38 잠재되어 있는 능력을 이끌어 낸다

회사의 틀이란, 사표를 쓰거나 전직을 해야만 넘을 수 있는 것이 아니다.

사람마다 지닌 성격과 자원, 비전이 다르고 조직의 형태도 많은 차이가 있으므로 그것을 벗어나는 방법 역시 다양해질 수밖에 없다. 그렇다면 나에게 맞는 방법은 과연 무엇일까.

지금 당장 시작할 수 있는 일은 무엇일까?
내일부터 할 수 있는 일은?
일년 이내에 이룰 수 있는 것은 무엇일까?

코칭은 '해답은 내 안에 있다'를 전제로 한다. 누가 가르쳐 주는 것이 아닌, 나 자신이 해답의 열쇠를 쥐고 있다는 데서 시작하는 것이다. 코칭을 주제로 강연하다 보면 이런 사실을 실감할 때가 많다. 조직에 대한 인식의 변화를 통해 평소 생각하지 못했던 사실을 깨닫게 되곤 하는데, 처음에는 그저 조용히 앉아 경청하기만 하던 회사원들도 시간이 지남에 따라 질문 횟수도 늘어나고 보다 적극적으로 강연에 참가하려는 열성을 보인다.

누구나 해답은 알고 있다. 단지 스스로 질문하고 그 대답을 찾는 습관이 몸에 배지 않은 것뿐이다.

이렇게 반문하는 사람도 있으리라.

"하지만 해답을 찾지 못하는 경우도 있지 않을까요? 그럴 때는 어떻게 해야 합니까?"

이런 경우 나는 주저 없이 다른 사람에게 도움을 요청하라고 조언한다. 어떤 문제라도 자신이 완벽한 해답을 찾을 수는 없기 때문이다. 아주 사소한 일이라도 스스로 질문하고, 생각하고, 해답을 찾아내고(그것이 완전하지 않더라도) 행동하면 그만인 것이다.

인간은 누구나 변화를 두려워한다. 그러나 한 곳에 오래도록 머무르는 것은 어디까지나 일시적인 안정일 뿐이다. 왜냐하면 나를 둘러싼 환경이 시시각각으로 변하기 때문에 '영원한 안정'이란 아예 불가능하다.

아무것도 하지 않으면 변하는 것도 없다. 반대로 내가 움직이면 새로운 가능성이 열리게 된다. 그것이 사소한 행동일 수도 있고 중요한 프로젝트일 수도 있으며, 그에 따른 결과 역시 늘 같지는 않을 것이다.

작은 생각과 행동은 주변을 변화시키는 열쇠가 된다. 어쩌면 지금 몸담고 있는 조직 자체가 변할지도 모르는 일이다. 그렇다면 이제부터라도 당당하게 한 걸음씩 내딛어 보아야 하지 않겠는가.

point
아무것도 하지 않으면 아무것도 변하지 않는다. 내 안에 잠들어 있는 가능성을 이끌어 내어 행동으로 옮기는 것만이 그것을 실현시킬 수 있는 유일한 방법이다.

스스로 생각하고 능동적으로 움직이는 것이 자신의 가치를 인정받는 기준이 됩니다.

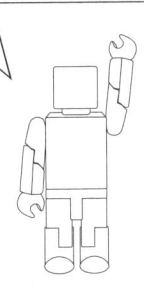

저자 약력

* 이토 아키라(伊東明)

심리학자(박사). 와세다(早稻田)대학 정치경제학부 졸업. (주)NTT를 거쳐 게이오기쥬쿠(慶應義塾)대학원 석, 박사 과정 수료. 현재 토쿄심리 컨설턴팅 대표 및 (주)윌 시드 고문. '이론과 실제'라는 비즈니스 심리학을 중심으로 연수와 세미나, 강연, 컨설턴팅 등 다방면에서 활약 중. 저서로는 『심리전에서 절대 지지 않는 책』 『듣는 인재가 사람을 움직인다』 등, 베스트셀러가 다수 있다.

* 카와키타 타카코(河北隆子)

1960년, 도쿄출생. 대기업을 거쳐 인재파견 및 육성 분야에서 경력을 쌓은 후 현재 프로그램 제공과 강연, 연수, 세미나 강사와 능력개발 트레이너로 활동 중이다. 기업의 이노베이션에 조언을 해 주는 한편, 경영자와 관리자, 각 분야의 전문가 등의 교육 프로그램을 기획하기도 하였다. 신선하고 다이나믹한 강의 스타일로 인기를 얻고 있다.

* 고토 마사루(後藤成)

1942년, 홋가이도출생. 와세다대학 졸업. 오랜 조직생활을 통해 기업의 재산은 '인재'라는 신념을 갖고 있다. 인재육성에 힘쓰는 한편, 최근에는 기존의 교육 프로그램을 새롭게 재구성하여 강연과 세미나를 열고 있으며 개인 컨설턴팅도 맡고 있다.

* 후루카와 미나호(古川美奈穗)

1970년, 교토출생. 도시샤(同志社)대학 졸업. 손해보험 회사를 거쳐 자기표현과 커뮤니케이션 이론 등을 공부하였다. 현재 연수와 세미나 등을 통하여 코치로 활약 중이다. 상대의 생각을 정리하고 문제점을 해결함으로써 새로운 가능성을 이끌어 내는 것으로 유명하다.

역자 소개

* 정윤아

경희대학교 일어일문학과를 졸업하고 1991년 국제관광전 가쿠다 인도네이사 항공사 통역요원으로 일했다. 증권감독원 감독원을 비롯하여 대한생명 등 기업체 간부 및 신입사원을 대상으로 일본어 교육을 담당했다. 번역 기획물로『튀어야 산다』『21C 프로기획력』『내겐 너무 이쁜 나』등이 있으며 무라카미 류의『눈부시게 찬란한 내 안의 블랙홀』을 번역했으며 현재 엑세스 코리아 일본어권 담당 에이전트이며 전문번역가, 기획자로 활동 중이다.